30 天
学习心理学

30 日で学ぶ心理学手帳

［日］ 植木理惠　著
　　　刘江宁　译

中国科学技术出版社

·北　京·

Original Japanese title：30 NICHI DE MANABU SHINRIGAKU TECHOU

Copyright © Rie Ueki 2020

Original Japanese edition published by JMA Management Center Inc.

Simplified Chinese translation rights arranged with JMA Management Center Inc.

through The English Agency (Japan) Ltd. and Shanghai To–Asia Culture Communication Co., Ltd.

北京市版权局著作权合同登记　图字：01-2022-5114。

图书在版编目（CIP）数据

30 天学习心理学 /（日）植木理惠著；刘江宁译. — 北京：中国
科学技术出版社，2022.9

ISBN 978-7-5046-9762-2

Ⅰ. ①3… Ⅱ. ①植…②刘… Ⅲ. ①学习心理学

Ⅳ. ① G442

中国版本图书馆 CIP 数据核字（2022）第 154726 号

策划编辑	杜凡如　龙凤鸣
责任编辑	龙凤鸣
版式设计	锋尚设计
封面设计	马筱琨
责任校对	张晓莉
责任印制	李晓霖

出　　版	中国科学技术出版社
发　　行	中国科学技术出版社有限公司发行部
地　　址	北京市海淀区中关村南大街 16 号
邮　　编	100081
发行电话	010-62173865
传　　真	010-62173081
网　　址	http://www.cspbooks.com.cn

开　　本	880mm×1230mm　1/32
字　　数	114 千字
印　　张	6
版　　次	2022 年 9 月第 1 版
印　　次	2022 年 9 月第 1 次印刷
印　　刷	北京盛通印刷股份有限公司
书　　号	ISBN 978-7-5046-9762-2 / G·976
定　　价	59.00 元

你如何给"心理"定义呢？

我们不能用眼睛来观察它，也无法借助任何有形的尺子来把握它的形状和重量。然而，我们人类却被这种有实体依托却看不到的实体活动——心理活动所支配，每天都在各种情绪的影响下生活。

心理学作为一门学科，始终着眼于分析这些心理活动背后的原因。

虽然并非100%，但是我们的确可以通过学习心理学，在一定程度上了解对方行动的意义，客观地审视自己的内心，冷静地做出判断。

如果你发现自己每天都被周围的人或自己的内心牵着鼻子走，请一定认真阅读这本书。它将会帮助你解决日常生活中的许多困惑和烦恼。

另外，学习心理活动的运作方式还有利于提高自身工作水平。因为在日常工作中，我们可以运用心理学知识使人与人之间的沟通更为顺畅，促进工作更加顺利高效。

本书不仅介绍了著名的心理学家、心理学实验等心理学基本知识，还讲述了许多可用于各种场合的实践性技巧，本书可以称得上是一本扛鼎之作。

如果你能够通过这本书发现心理学的乐趣，从中获得丰富的人生技巧，我将不胜欣喜。

植木理惠

Contents
目录

30天 **学习心理学**

30 天学习心理学

the learning diary of Psychology in 30 days

学习进度表

把学习日期和简要笔记记录下来，作为每天学习的进度标准。

天数	日期	笔记
1	/	
2	/	
3	/	
4	/	
5	/	
6	/	
7	/	
8	/	
9	/	
10	/	
11	/	
12	/	
13	/	

天数	日期	笔记
14	/	
15	/	
16	/	
17	/	
18	/	
19	/	
20	/	
21	/	
22	/	
23	/	
24	/	
25	/	
26	/	
27	/	
28	/	
29	/	
30	/	

第1天

心理学是一门通过观察来研究"人"的学问

概 述

以实验和数据收集为基础，探寻无形的"心理"

到底何为"心理"，何为"人"？

在商务场合或私人生活中，许多人会因为不了解对方的心情或真实想法而惴惴不安，或者因为无法进一步实现与恋人的心灵互通而烦闷不已。最近，越来越多的人开始重视**心理健康咨询**，避免受到压力和烦恼的影响。那么，"心理"到底是什么呢？它既不能用眼睛来观察，也无法通过数值来衡量。但是，人是被心理所支配的。心理学作为一门科学，其主旨就是对难以捉摸的心理进行科学研究，并解决"何为'人'"这一难题。

 词语解释

心理健康咨询

保护他人避免因疲劳、压力或烦恼等因素而致使身体受损并关心关爱出现上述症状的人群。心理健康问题在全社会范围内引起了广泛重视。

对无意识的心理和行为进行科学分析

最早将心理学作为一门学科来思考的是古希腊哲学家**柏拉图和亚里士多德**，但是关于心理的科学研究则是在1879年由德国心理学家**冯特**确立的。

那么，怎样才能对无形的心理进行科学解释呢？这就需要从观察人的行为开始。人的行为必然伴随着某种心理活动，观察无意识中要做的事情以及做了的事情并收集数据，就可以进行心理分析了。为此，我们需要反复实验，与受试者面谈，结合医学和**脑科学**知识来验证。许多人认为心理学是人文学科，其实它是一门极具理科思维的科学。

心理学是通过观察对方的行为来分析研究其内心活动的科学

探究心理　　观察行为　　能够揣测对方的心理！

柏拉图和亚里士多德
古希腊的两位哲学家。

冯特
冯特（1832—1920），德国心理学家，现代心理学奠基人。

脑科学
对包括人类在内的动物大脑结构和功能进行研究的科学。该学科涉及医学、生物学、遗传学等领域。

促使人际关系更为和谐的行为心理学

心理学的科学体系是100多年前由冯特确立的。最近，**"行为心理学"** 作为一个用于改善人际关系的关键词被广泛使用，其核心内涵是通过人的行为来解读其心理。行为心理学的研究方法是观察众多受试者的行为并通过问卷调查等方式收集数据，再反复进行比较和验证。换言之，行为心理学是通过科学研究来把握普通人的心理倾向。

行为心理学多用于人员大量聚集的场合，却不适合探究个人的内心。不过，当我们想要了解某个人的心理时，同样可以借助行为心理学来对其真实想法做出假设，探究其内心活动。然而，我们要明白行为心理学不一定适用于所有情景。

将基础心理学研究成果灵活地运用于应用心理学

除此之外，心理学研究还可以细分为多个分支。其中，探索一般心理规律的心理学被称为"基础心理学"。它主要是通过实验进行研究，从收集的数据中推导出理论和规律。基础心理学研究方向包括实验心理学、学习心理学、认知心理学、比较心理学和社会心理学等。而通过灵活运用基础心理学知识来

 词语解释

行为心理学
通过客观的方式捕捉人们的行动，
以此进行意识分析的心理学。

解决心理问题的研究领域被称为"应用心理学"。它发端于旨在推进**心理咨询**研究的**临床心理学**，之后在教育心理学、体育心理学、犯罪心理学、灾害心理学和环境心理学等多个领域得到广泛应用和发展。

　　人们会面对各种各样的事情，每件事情都会对他们的思想产生一定的影响。这种影响随自身经历、年龄和环境等各种因素的变化而变化。随着时代的发展，旨在探索这种心理变化的心理学得以进一步细化，至今仍在如火如荼地开展着各类研究。

心理学发展史

```
最初的心理学是        行为主义心理学
哲学一个分支             ↓
    ↓          冯特的研究贡献使   新行为主义心理学
17世纪欧洲哲     心理学成为一门独
学开启了对心     立的科学，建立起   格式塔心理学
理的探索         一定的体系
                          弗洛伊德的精神分析学
                             ↓
                          分析心理学、个人心理学
```

心理咨询

一种协助来访者通过自我探索来解决烦恼和担忧的方法。

临床心理学

心理学研究领域之一，主要研究如何通过诊断和治疗，帮助心理出现问题的人们更好地适应环境。

心理学领域的代表人物 1
弗洛伊德

概 述

[对"无意识"进行科学探索的
精神分析学先驱]

从催眠术开始的研究

在心理学的发展过程中，"精神分析学之父"**西格蒙德·弗洛伊德**是不容忽视的存在。出生于奥地利的精神病医师弗洛伊德始终将存在于人类心灵（**精神**）深处的"无意识"作为研究对象。当时的哲学家和神经学家认为，在人的内心之中存在着无意识领域，但由于这一论题过于深奥费解，以至于长期以来并未得到科学合理的解释。当时的许多医生会使用催眠术对患者进行精神治疗，弗洛伊德就此对催眠术产生了浓厚的兴趣，以此为契机，成为科学探索"无意识"的先锋。

 词语解释

西格蒙德·弗洛伊德

西格蒙德·弗洛伊德（1856—1939），奥地利精神病医师。他从维也纳大学医学专业毕业后，开设了神经学医疗机构。1908年，他创立了精神分析学会。

精神

精神（Psyche）：Psyche是一个希腊词汇，意为"心灵、灵魂"。它同"logos（逻辑）"一词共同组成了英语中"心理学（Psychology）"一词的词源。

弗洛伊德对人类心理结构的看法

弗洛伊德将人的心理分为三个层面：意识、前意识、无意识（**拓比理论**），而无意识是最为基础的层面。无意识虽然位于最底层，却包含着意识和前意识，且人们的思考、记忆、冲动等都是从无意识出发，逐渐上升至意识层面。

弗洛伊德认为，只有少数心理活动能够从无意识上升为意识，大部分则只能原封不动地停留于无意识层面。那么，究竟哪些精神活动属于无意识领域呢？

通常能够观察到的意识只是"自我的一部分"

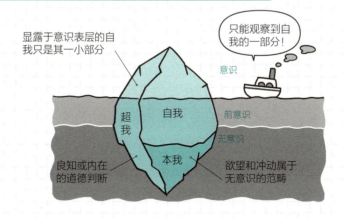

只能观察到自我的一部分！

显露于意识表层的自我只是其一小部分

意识

超我　自我　前意识

无意识

良知或内在的道德判断

本我

欲望和冲动属于无意识的范畴

拓比理论
人的心理由"意识、前意识、无意识"三层组成。
其中，意识位于表层，无意识位于内心的最底层，
而前意识则存在于意识和无意识之间。

强烈的体验和思考被压抑于无意识之中

构成无意识领域的精神活动是指那些在通常情况下根本不为意识所接受的强烈思考、记忆和冲动。例如，幼年时期所遭遇的难耐之痛，以及不堪回首的沉重打击等一切阻碍人们安心生活的因素。人们往往会出于本能地**压抑**这些情绪，并将其推入底层的"无意识"领域中。

然而，人们自己并没有留意到这些被压抑的精神活动，甚至不知道它们存在于自己内心深处，平稳度日。

位于中间层的"前意识"不会对生活产生影响，存在于该领域的思考、记忆和冲动等精神活动也不会受到任何压抑。

进入无意识领域

无意识领域中被压抑的思考、记忆和冲动等精神活动会在很大程度上左右一个人的行为和生活方式。弗洛伊德认为，人们即使没有注意到无意识存在，也会被无意识所驱使。问题是，意识和无意识之间的分歧会导致人的内心产生紧张情绪。久而久之，这种紧张感会破坏心理平衡，继而引发各种**心理疾病**，

 词语解释

压抑
弗洛伊德认为"压抑"是指将意识领域难以接受的思考、记忆、冲动等精神活动强行推进无意识领域的心理活动。

心理疾病
当时是将该病症作为分离性障碍和精神官能症进行治疗，但在现代社会将其细分为抑郁症、依赖症、PTSD（创伤后应激障碍）等各类疾病，根据症状的差异而采取不同的治疗方法。

甚至会让人产生自杀的想法。为了治疗这种心理疾病，弗洛伊德采取的方法就是进入无意识领域。这种方法能够将患者从不知不觉间压抑的矛盾中解放出来，从而减轻他们的痛苦。

上述方法被称为"**精神分析法**"，为弗洛伊德及师从弗洛伊德的心理治疗师所使用。

弗洛伊德对"精神分析法"的实践

在进行精神分析治疗的过程中，弗洛伊德要求患者躺在沙发上进行催眠，他则同已进入催眠状态下的他们展开交谈，倾听他们吐露心声。由此，患者那些以往无法诉说的想法、痛苦和苦恼会逐渐显现出来，但这些信息往往会以隐晦或虚假的形式表

弗洛伊德对心理结构的认识

意识

前意识

超我

被压抑的精神活动

无意识

面向日常现实的前意识与未被意识到存在的无意识之间所产生的分歧会导致心理疾病的发生

精神分析法

这是由弗洛伊德创立的科学治疗法，主要通过与患者对话的方式，将潜藏于患者无意识领域中的冲突上升至意识领域来进行精神治疗。在某些情况下，患者可能需要花费数年的时间来接受治疗。

露出来。弗洛伊德通过<u>自由联想法</u>和<u>口误</u>等各种方法对其进行解读，将患者被压抑的无意识融入意识之中，从而起到解放患者心灵的效果。

梦境中出现的是个人愿望及满足该愿望的欲求

此外，弗洛伊德还通过分析患者入睡时所做的梦来逐步接

弗洛伊德的精神分析法

通过让患者畅所欲言，分析者
可以逐渐走近患者的内心深处

心理咨询师在患者看不到
的地方提出各种问题

 词语解释

自由联想法

精神分析法的一种。患者根据心理咨询师的指示，无拘无束地描述出脑海中浮现的内容。被压抑于无意识领域的情感活动会逐渐转移至意识领域，进而变得清晰明朗。

口误

弗洛伊德认为，脱口而出的话语其实是被压抑的思考、记忆和冲动的真实写照。

近无意识领域。正如弗洛伊德在其著作《**梦的解析**》中所写的那样，他会把自己所做的梦当作研究对象。他由此得出的结论是，梦表现出了潜藏于无意识中的愿望以及满足这些愿望的欲求。

构成人格的"本我、自我与超我"

多年以后，弗洛伊德提出了著名的"**人格结构论**"，即人的内心存在着"本我（id）、自我（ego）与超我（superego）"。其中，"本我"寻求立刻满足自我冲动（主要是性冲动）和欲望；"自我"会根据自身的生存状况和环境作出决定，并通过合理的方式来消除由"本我"产生的欲望；而"超我"则通过社会道德规范和判断力等来控制"本我"和"自我"，引发个体的良心、罪恶感和羞耻心等。这种本我、自我、超我的存在模式有时会引发心理冲突。如果"超我"的警戒心较强，就会对"本我"产生的欲望抱有罪恶感和不安情绪，进而将该欲望压抑至无意识之中。而弗洛伊德的精神分析法，就是将心灵从这种因压抑而产生的冲突中解放出来。

梦的解析

弗洛伊德于1899年出版的著作，它首次把被认为无意义的梦作为通向无意识领域的线索来研究。

人格结构论

"本我"出于享乐主义放纵其生物性需求；"自我"观察现实，调整欲望；"超我"则基于道德价值观来抑制"本我"。该理论认为，人格是建立在上述三层结构之上的。

第3天

心理学领域的代表人物 2
荣格

概 述

[作为古老记忆的"集体无意识"
左右着人们的心理]

同弗洛伊德决裂的荣格另立学说

　　瑞士精神病学家**卡尔·古斯塔夫·荣格**是分析心理学的创立者。他曾师从弗洛伊德学习精神分析学，两人既是师徒，又是亲密无间的伙伴。荣格的学说一定程度上继承了弗洛伊德的观点，但弗洛伊德认为**力比多**只能来源于性本能，而荣格则认为性本能并非是力比多的唯一来源，两人关系就此破裂。此外，荣格还提出了与弗洛伊德不同的理论，他主张把人格（心灵）分为"意识、个人无意识和集体无意识"这三个层次。

 词语解释

卡尔·古斯塔夫·荣格

卡尔·古斯塔夫·荣格（1875—1961），瑞士精神病学家、心理学家。他曾师从弗洛伊德学习精神分析学，之后创立了包含集体无意识和原型等学说在内的分析心理学。

力比多

弗洛伊德提倡的"心灵能量"。弗洛伊德认为它来源于性本能，但荣格却否认该观点并就此与其产生分歧。

集体无意识是人类记忆的集合

根据荣格的观点，意识是指能够被自身感知的信息刺激，即所谓的"自我"；个人无意识是指曾经被意识到、后来由于遗忘或压抑而从意识中消失的内容；**集体无意识**并非是某个人的思考、经验或冲动，而是人类祖先经历并积累起来的普遍性经验，是人类心灵的共通部分。

为什么荣格会提出"集体无意识"这一概念？这是因为他发现"地球上的不同社会及时代都诞生了相同的神话和符号"。在历史的漫漫长河中，不同的社会与时代虽然各自拥有迥异的文化，但发生的故事及登场的代表性人物之间存在着惊人的相似之处。由此，荣格得出结论——人类的心灵深处容纳了某种历经沧桑、世代相传的共同记忆。荣格继而进一步指出，从集体无意识中衍生出来的符号包含了若干类型，他称这些遗传而来的记忆符号为"**原型（Archetype）**"。

存在于人类心灵之中的"面具（Persona）"与"阴影（shadow）"

荣格认为，集体无意识中的"原型"会影响人们的感情和

集体无意识
从结构上来看，集体无意识存在于意识和个人无意识之下的深层次，却占据了心灵的大部分。

原型
形成集体无意识的符号。这种特殊且独立的无意识符号存在于每个人心中，与任何个人经验都无关，只会在跨越不同社会和时代时稍有变动。

行为。原型包含多种模式，其中最具代表性的是"**面具**"，即一个人面向社会或他人所展现的自我形象，其本质是为了给对方留下良好印象，或者为了履行自我职责、适应现实社会而创造出的具有社会性的外部层面。同时，人格中还存在着与"面具"正相反的原型——"**阴影**"。所谓"阴影"，是指不为个人和社会所接受的令人厌恶的特质，包含了被压抑的想法、弱点、欲望、本能和缺点等要素，不会向他人或社会暴露。

"面具"与"阴影"

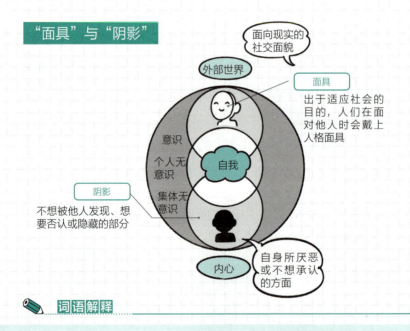

面向现实的社交面貌

外部世界

面具
出于适应社会的目的，人们在面对他人时会戴上人格面具

意识

个人无意识

自我

集体无意识

阴影
不想被他人发现、想要否认或隐藏的部分

内心

自身所厌恶或不想承认的方面

✎ 词语解释

面具

原型之一，指个体面向社会或他人时展现的自我形象。每个人心中都同时拥有多个面具，并根据环境和场景的变化灵活取用。

阴影

指隐藏在内心深处、不想为他人所见的原型，且这些原型大多是意识感觉到羞耻或难堪的内容。据说，小说《化身博士》中的海德等人物，便充分体现了阴影的原型。

代表女性气质的"阿尼玛"和代表男性气概的"阿尼姆斯"

原型中也包含了关于性别的要素——"阿尼玛"和"阿尼姆斯"。其中,"阿尼玛"是指男性人格中的女性化成分,而"阿尼姆斯"则是指女性人格中的男性化成分。荣格指出,人在成长过程中混合了男性化和女性化的特质,最终成为完全的男性或女性。然而,无论男性还是女性都会在自己的无意识领域保留相反的性别成分,并且有时会以性格和情绪的形式表露出来。例如,发表感性言论的是"阿尼玛",而进行理性思考的是"阿尼姆斯"。荣格还指出,"阿尼玛"和"阿尼姆斯"这两种人格特质影响了从古至今人们对男性气概和女性气质的理解。

通过自身努力可以达到"自我实现"的境界

在各种各样的原型中,最受重视的便是"真实自我"。它作为原型的核心,持续不断地试图协调内心各个层面,以达到更愉悦的心理状态。荣格把这种原型的运作模式称为"**自我实现**"。荣格强调,自我实现不是自动发生的,而是必须有意识地去追寻。

自我实现

荣格认为,个人的人格总是不断地向前发展的,个人、民族的历史经验对人格的形成有一定程度的影响,但更重要的是人总是为未来的目标奋斗,从而达到比现在更高一级的心理状态,直至成为一个完整而独特的个体,这就是所谓的"自我实现"。自我实现的目的在于塑造"真正的自我",因此,它在原型中处于核心地位且有利于整体组织化的实现。

荣格的性格分析理论

此外，荣格还提出了**"外向型/内向型"**性格分析理论。外向或内向性格决定了一个人如何适应他人和社会。时至今日，我们在描述性格时也常说"他是一个外向的人""我是一个内向的人"，等等。实际上，这种说法就源自荣格的理论。荣格指出，外向型的力比多能量指向社会和他人等外部世界，而内向型的力比多能量指向自己的内心世界，偏重于主观感情和体验。荣格认为，人的性格类型伴随其一生且不会发生改变。

梦境中的原型分析

同弗洛伊德一样，荣格也通过对梦的分析来探究人的内心世界。然而，荣格的主张与弗洛伊德并不相同。他认为"梦是意识层面的自我与永恒（本我和集体无意识）之间的对话，原型会在梦中以无符号的形式出现，以便于对话的进行。"例如，梦境中出现的**智慧老人**原型代表了前进方向的指引和非凡

 词语解释

"外向型/内向型"
这一理论引入了外向型和内向型这两种人格类型，并结合思维、感情、感觉、直觉等心理机能对其进行分类。这对后来的性格测试理论产生了重要影响。

智慧老人
该原型在梦中可能会以精神导师、家长、老师或医生的形象出现。

对梦的分析方式的差异

梦=愿望

梦=心灵的表达

梦象征了一种渴望
实现却无法实现的
愿望。出现在梦中
的事物代表了被压
抑的欲望

梦是与现实相联系
的。出现于梦中的
物、人、事都是自
我内心的表露

弗洛伊德　　　　　　　荣格

的智慧。**大母神**原型象征着养育者，它代表了安全感、舒适感
和可靠感。另外，当**恶搞者**原型登场之时，它代表了一个人的
脆弱性和对本我欲望的压制。

荣格对文化、学术、娱乐的理论贡献

　　荣格提出的集体无意识、原型以及内外向性格类型分析等
理论，对后世的心理学、人类学乃至精神领域都产生了巨大影
响。特别是他对原型的解释，不仅广泛地渗透到文化和艺术
中，还被吸收进当代文学、影视娱乐业中，为各种作品的诞生
做出了重要贡献。

大母神

母亲、祖母或伟大母性形象
的原型，它常常以女神、圣
母玛利亚或魔女的形象出现。

恶搞者

以小丑和魔术师等形象出现的原型。荣格认为，
北欧神话中喜欢恶作剧的半神洛基、希腊神话中
的半人半兽神潘恩大帝等都是恶搞者的代表。

心理学领域的代表人物 3 阿德勒

概 述

人要在补偿并克服自卑感之后，
才能获得自信

反对弗洛伊德的观点，独自发展自己的理论

　　阿尔弗雷德·阿德勒出生于奥地利维也纳。他曾在5岁的时候患上肺炎，险些丧命。在生死边缘徘徊的经历促使阿德勒立志成为一名医生，因此他进入维也纳大学学习医学。毕业后，他开始从事眼科医生的工作，但不久就转行做了综合诊疗医生。

　　在弗洛伊德以精神分析医师的身份构筑各种理论的时候，阿德勒也在弗洛伊德的指导下参与了心理学研究。他和荣格一起被视为弗洛伊德的继承人，同时也是**维也纳精神分析协会**的核心成员。然而，由于他提出了与弗洛伊德相左的

 词语解释

阿尔弗雷德·阿德勒
1870—1937年。奥地利精神科医师、心理学家、社会理论家。

维也纳精神分析协会
由致力于精神分析研究的弗洛伊德于1908年创立。阿德勒曾担任过一段时间的会长，但最终因为观点上的分歧而选择退出。

理论而致使两人关系破裂，因此阿德勒于1911年便同弗洛伊德分道扬镳。

社会因素也会影响人的心理

弗洛伊德认为，人的内心深处存在着无意识领域，而那些难以让人容忍的想法和经历会被压抑在该领域之中。然而，阿德勒的想法却并不局限于此。他认为，意识和无意识之间的交流的确会对人的心灵产生巨大的影响，但是环境和社会因素也会产生同样的影响。阿德勒将这一理论确立为"**个体心理学**"，并将其应用于精神官能症患者的治疗之中。另外，他还创办了一所学校来传授自己的理论，为后世的心理学发展留下了丰厚的遗产。

以往的心理学与阿德勒的个体心理学之间的区别

意识　感情　心理　肉体　思维　无意识

对个体、自我、意识等概念分解归类的做法毫无意义，而应该从整体性的角度出发灵活运用心理学

个体=各个要素的集合体　　个体=无法被分割的整体

以往的心理学　　阿德勒的个体心理学

个体心理学

以个体的心理学特性为研究视点的心理学。弗洛伊德的"原因论"认为心灵会被压抑于无意识领域中的情感活动所左右，而阿德勒则针对此观点提出了个体心理学理论。

从身体残障人士的治疗中得到构建理论的启示

阿德勒最关心的是**自卑感**与自尊心所带来的积极影响和消极影响，而这种探索的契机就在于以往治疗身体残障人士的经历。在因某种原因而产生身体残障（生理缺陷）的患者中，有些人会将残障转化为动力并发挥出高超的能力，而有些人则因为身体残障而感到挫败并放弃了改善境遇的努力。

阿德勒在注意到了这种差异之后，便开始认真思考那些能够克服身体残障的人和不能克服的人之间到底存在着怎样的区别。阿德勒最终的结论是，这两种人在如何看待自己的问题上存在认知差异，且他们的个体自尊心也存在一定的差距。阿德勒在其著作《器官缺陷及其心理补偿的研究》中也阐述了这一点。

克服障碍之后会诞生高超的能力

阿德勒认为，如果一个人的某种器官功能不足或有缺陷，就会产生自卑感。在产生自卑感后，个体就想通过争取权力或变得更为有力量以补充机体的不足。作为一个整体单位而活动的个体，可以通过以下两种基本途径进行**补偿**：一种是在

 词语解释

自卑感

将自己同他人进行比较之时，感觉自己不如他人。许多人会在外貌、能力、学习成就、收入、社会地位等个人层面产生自卑感。

补偿

指通过努力或替代行为来克服自卑心理。这种通过个人努力来熟练完成本不擅长之事的行为被视作为一种补偿。

觉知到自己的生理缺陷后，集中力量在有缺陷的器官上发展其功能；另一种是承认自己的某种缺陷并发展其他机能，以弥补有缺陷的机能。

阿德勒所举出的例子是古希腊政治家德摩斯梯尼。德摩斯梯尼在年轻时患有**口吃**的毛病，但他口含一粒石子对着大海演讲，经过艰苦卓绝的努力终于克服了器官障碍，成为一名能言善辩的政治家。

另外，芬兰田径选手帕沃·鲁米在幼年时期腿脚行动不便，但后来通过刻苦训练成为田径冠军。简而言之，器官障碍作为自卑感的一个原因，它能够促使个体发挥更为出类拔萃的能力。

孩子在克服自卑感之后会获得成长

阿德勒进一步研究发现，即使个体不存在生理缺陷，也会产生补偿冲动。所有人都会存在一定的自卑感，并为了补偿自卑感而不断地追求强大和优越性。

从孩子的成长过程中也能够明显地看出这一点。当被父母、年长的兄弟姐妹等长辈包围时，任何孩子都会因为时刻面对着那些比自己更强大、更有能力的人而感到自卑。但是，孩

口吃

是指口头表达时出现结结巴巴的状况，其发病原因与孩童十几岁之前的身体发育有关。另外，脑损伤或压力等因素也会导致口吃状况的出现。

子会以长辈为学习榜样并树立自己的目标，之后通过目标的实现来获得成长，进而促进自信的产生和自卑感的消亡。无论是孩子还是成人，只要内心得到平衡，就能够通过这种反复的补偿来维护心灵的持续成长。阿德勒认为，只要目标和努力方向是务实且恰当的，那么即便个体存在一定的自卑感，也同样能够维持内心的平衡。但是如果过于努力或投入其中，就会引发种种问题，甚至会影响到个体的日常生活。这种行为会导致过度补偿的出现，进而成为精神官能症的诱因。

自卑情结和优越情结

虽然有些人能够克服因身体障碍而产生的自卑感，但也有些人无法消除身体自卑感（**器官缺陷**），而这有可能会引发其他自卑感的出现。如果这种状态持续太久的话，人的内心就会失去平衡，这被阿德勒称为"自卑情结"。同样，如果孩子的成长过程时刻伴有自卑感，那么他就会很难适应社会或者拼命想要掩盖自己的自卑感，进而产生自卑情结。此外，阿德勒还发现了一种叫作"优越情结"的心理失衡状态。具有优越情结的人为了不让别人看到无法克服自卑感的自己，往往会选择凭

 词语解释

过度补偿
为了克服自卑感而进行的过度补偿。例如，对自身体形抱有自卑感的人会因为过度限制饮食而患上暴食症或厌食症等。

器官缺陷
由阿德勒提出的概念，是指给日常生活带来困难的不利条件。

情结
无意识中会威胁自身的观念复合体。

自卑情结

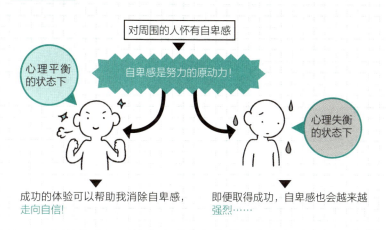

对周围的人怀有自卑感

自卑感是努力的原动力!

心理平衡的状态下

心理失衡的状态下

成功的体验可以帮助我消除自卑感,走向自信!

即便取得成功,自卑感也会越来越强烈……

借虚假的优越条件来表现出虚荣的态度。

直面并克服自卑感

虽然自卑感是一种消极因素,但是个体却可以通过克服自卑感来获得自信或者激发出其他能力。正如本节开篇所述,阿德勒认为,人的心灵并非只取决于无意识或先天条件。直面并克服自卑感对于人格的形成是不可或缺的环节。

从著名实验中学习心理学 1

概 述

个人行为被他人社会
的影响所左右

探索奖惩机制能否左右人的行为——操作性条件反射实验

激励的传统由来已久，例如在完成定额后给予额外的奖金或者输了比赛就罚跑10圈，等等。但是这些方法真的有效吗？美国心理学家**伯尔赫斯·弗雷德里克·斯金纳**认为，人的行为是根据最终的赏罚结果而形成的。斯金纳以小白鼠和鸽子为对象进行实验后提出了"**操作性条件反射**"概念。他最具代表性的实验是"斯金纳箱实验"。

如何让小白鼠学会按压杠杆

斯金纳将小白鼠放进箱子之中，只要它按下箱子里的杠杆

 词语解释

伯尔赫斯·弗雷德里克·斯金纳

1904—1990年。美国心理学家。他曾立志成为一名作家却没有获得显著成就，之后便在大学里学习心理学。他是行为分析的创始人，并称自己的立场是"彻底的行为主义"。

操作性条件反射

条件反射的类型之一。它是指有机体在某种情境中自发做出的某种行为由于得到强化而提高了该行为在这种情境中的发生概率，即通过自己努力来左右结果的条件反射类型。

就会有食物掉下来。一开始小白鼠在四处乱转的过程中无意中碰到了杠杆，结果就出现了食物。之后再次碰到了杠杆后又出现了食物。在如此反复的过程中，小白鼠学会直接通过按压杠杆的方式来获得食物（积极强化）。

　　之后他又将小白鼠放入通电的斯金纳箱之中，只要它按下箱子里的杠杆就可以切断电源。这种方式同样可以教会小白鼠学会按下杠杆（消极强化）。

　　猛然一看，这两种方式似乎都可以达到同样的效果。但斯金纳却认为，积极强化能够提高行动效率，而消极强化则会降低行动效率。

　　另外，由于惩罚性处分具有减少行为反应发生次数的效果，所以可应用于小孩子做错事的场合之中。然而，即便当事人由于畏惧精神痛苦或体罚而停止了不恰当的行为，但那也只是为了逃避惩罚而已。惩罚建立起来的行为模式来得快，去得也快。一旦惩罚消失，建立起来的行为模式也会消失。从长远来看，惩罚对于行为的制止并不会起到显著的作用。

通过眼睛颜色来判断孩子们的优劣——蓝眼睛/棕眼睛实验

　　1968年，在美国一所小学课堂内进行了一场有趣的实

积极强化

当在环境中增加某种刺激时，有机体的反应概率会增加。这种强化又被称为"正强化"。

消极强化

当在环境中减少某种刺激时，有机体的反应概率会增加。这种强化又被称为"负强化"。

验。小学三年级的班主任**简·埃利奥特**通过眼睛的颜色来进行班级划分。她告诉所有的学生说，蓝眼睛的人比棕色眼睛的人更加聪明和高贵。她还故意给蓝眼睛的孩子们各种优待，比如允许课间多休息5分钟或者禁止棕眼睛的孩子与他们共用同一个饮水机等。第二天，老师又以棕眼睛学生更优秀为前提通过相同方式再次进行实验。

为了研究歧视问题而进行的实验却得到出人意料的结果

这个实验的目的原本是通过实际体验被歧视者的心情来改变孩子们对于**种族歧视**的看法，但结果却出乎意料。

孩子们在上课前两周、上课期间的两天和上课两周后都曾接受语文和数学测试。当他们被归入优秀学生行列时所取得的分数最高，而在被归入劣等学生行列时所取得的分数最低。另外，课程结束后的班级整体成绩也得到了提升。究其原因，是因为孩子们努力地维持了被认为是优等生时所取得的分数。

简·埃利奥特在离开教育系统后仍然选择直面种族歧视，并在全美各地的监狱和企业中进行着相同实验。

 词语解释

简·埃利奥特

1933年生。美国教育家、反种族歧视活动家。著名的蓝眼睛/棕眼睛实验是在美国西北部艾奥瓦州莱斯维尔的小学中进行的。

种族歧视

因人种差异而出现的歧视性对待。在简·埃利奥特进行实验的前一天，黑人民权运动领袖马丁·路德·金遭到了暗杀。

这项实验后来被哈佛大学的**罗伯特·科尔斯**誉为"美国教育界百年一遇的伟大事业"。这场课堂实验过程被录制成影像记录下来后，在美国等地引起了巨大反响。

被他人认可的功与过

实验结果表明，被他人认可是促使潜能发挥的原因之一。然而，当自己被认为非常优秀的时候，就会轻视那些被归入劣等行列的人。换言之，我们会因为领导者的一句话而轻易地歧视他人。

获得他人认可的重要性

蓝眼睛　棕眼睛

轮流贴上"优秀"和"劣等"的标签

优秀　优秀

▶当自己被归入优秀者行列之中时，就能够发挥出最佳状态

罗伯特·科尔斯

1929年生。美国儿童心理学家、精神科医师。他曾就读于哈佛大学和哥伦比亚大学。

为什么人们不去帮助被袭击的女性？——紧急事态介入实验

当眼前发生需要施以援手的事件时，人们会采取怎样的行动呢？

1964年，美国纽约的一名年轻女性在回家途中被人用刀刺伤以致身亡（基蒂·吉诺维斯命案）。虽然她数次发出求救信号，但目睹这一幕的38名市民却没有一个人伸出援手，也没有人选择报警。为什么人们没有帮助她呢？社会心理学家比伯·拉塔尼和约翰·达利以该事件为背景进行了"紧急事态介入实验"。

根据所处状况的变化而采取不同的救援行动

1970年，社会心理学家拉塔尼和达利以哥伦比亚大学的120名学生为对象进行了实验。他们以市场调查的名义将受试者带到一个房间并要求他们填写调查问卷。之后，女考官进入了隔壁的房间。不久，受试者们就听到她爬到椅子上拿东西的声音、椅子倒地的声音以及她的惨叫声（实际上是录音带的声音）。实验的目的就是要观察这些受试者会采取怎样的救援行动。

 词语解释

基蒂·吉诺维斯命案	比伯·拉塔尼	约翰·达利
这是一起以被害者姓名命名的杀人事件。	1937年生。曾两次获得美国科学促进会的奖项。他与约翰·达利合著的《冷漠的旁观者——关怀式社会心理学》广受好评。	1938—2018年。美国社会心理学家。他还曾经担任过普林斯顿大学的心理学教授。

实验分为以下4种情形。①受试者独自一人来到房间并填写调查问卷；②"托儿"和受试者一起进入房间填写调查问卷。但即便听到尖叫声，"托儿"也始终保持着漠不关心的态度；③两名互不相识的受试者进入房间填写调查问卷；④两名关系密切的受试者进入房间填写调查问卷。

结果显示，采取救援行动的比例如下（n为帮忙的人数）：①70%（n=26）、②7%（n=14）、③40%（n=20）、④70%（n=20）。

在独处的情况下会有70%的人跑到隔壁房间施以援手，而如果"托儿"一直保持冷漠态度的话，则只有7%的人会去帮助她。很多人认为在人越多的情况下就越容易得到他人的帮助，然而事实并非如此。比伯·拉塔尼和约翰·达利将这种现象命名为"**旁观者效应**"。

站在旁观者的立场

▶除自己外还有其他旁观者在场的情况下，采取救援行动的概率极低

旁观者效应
当有其他旁观者在场时，人们介入紧急情况的可能性会显著降低。

从著名实验中学习心理学 2

概 述

通过实验破解人类的生存状态和记忆之谜

心理学史上最著名的实验之一 ——"巴甫洛夫的狗"

相对于与生俱来的无条件反射而言，通过后天训练获得的反射被称为"条件反射"。例如，悲伤的时候流泪就是无条件反射，而只要看到或想起梅子就会流口水的行为则属于条件反射。即便对心理学不感兴趣的人也听说过"巴甫洛夫的狗"这一实验吧？

俄罗斯生理学家**伊万·彼得罗维奇·巴甫洛夫**在研究狗的消化方式时，注意到实验室的狗会做出一些有趣的行为。当巴甫洛夫和助手进入实验室的时候，狗就必然会分泌唾液。他还进行了**中性刺激**实验。

 词语解释

伊万·彼得罗维奇·巴甫洛夫

1849—1936年。俄国生理学家、心理学家、医师。文中所讲的实验对后来的行为疗法产生了巨大影响。

中性刺激

指原本不能自然引起条件反射，但通过与强化物配对呈现可变成条件刺激的任何刺激。

巴甫洛夫对此提出假设，他认为狗已经学会了将实验者进入实验室的行为和得到食物这两者联系起来。之后，巴甫洛夫以该假设为切入点开始进行系统的验证。

通过中性刺激和无条件刺激的组合发现条件反射

在实验中，他们首先确认食物（无条件刺激）会让狗自动分泌唾液（无条件反射）。接下来，在狗看不见的地方发出铃声（中性刺激）来确认狗是否在此时会分泌唾液。最终结果表明，如果在狗进食前反复发出同一段铃声的话，那么一段时间后只要狗听到铃声就会分泌唾液，甚至在发出铃声但不递上食物的状况下仍然会分泌唾液。这种学习作为**经典条件反射**广为人知，而巴甫洛夫的这一发现也帮助他创造了不可撼动的辉煌成绩。他用狗进行的一系列实验为他赢得了1904年的诺贝尔生理学或医学奖，也对约翰·B. 沃森和伯尔赫斯·弗雷德里克·斯金纳等行为主义心理学家产生了巨大影响。

了解婴儿的生理需求——恒河猴实验

一般说来，婴儿和母亲之间的联系非常紧密。心理学家**哈洛**曾经做过一个实验来验证这种联系的出现是否是因为母亲能

经典条件反射

通过中性刺激（例如：铃声）和无条件刺激（例如：食物）的组合来进行学习的一种形式。具体是指一个刺激和另一个带有奖赏或惩罚的无条件刺激多次联结，可使个体学会在单独呈现其中某一刺激时，也能引发类似无条件反射的条件反射。

哈洛

1905—1981年。美国的动物心理学家。威斯康星大学教授。他在研究学习和动机方面取得了非凡成就，尤其在灵长类动物的心理学方面闻名遐迩。

够满足婴儿饥饿或口渴等生理需求。

哈洛将刚出生不久的恒河猴幼崽与母亲分开，并让人偶充当它们的"代理母亲"。代理母亲分为布制和铁丝制两种。另外，他们还给铁丝母亲的胸前挂上了奶瓶以提供牛奶。也就是说，温暖柔软的布制母亲无法提供乳汁，而冰冷坚硬的铁丝母亲却可以提供乳汁。

恒河猴幼崽对两位代理母亲的选择

实验结果显示，恒河猴幼崽选择的是布制母亲。

这表明身体接触所带来的安心感对于幼猴的成长而言甚至超过哺乳的作用。

然而，这个实验对幼猴的影响并没有就此结束。

哈洛原本以为幼猴在选择布制母亲后会获得正常的依恋和成长。但实际上，伴随着成长，幼猴却出现了伤害自己或者无法与同伴正常相处等各种问题。

之后，哈洛又进行了实验来探究正常成长所需要具备的条件和要素。实验发现，通过摇晃幼猴或者让它们与同龄伙伴玩耍等方式可以促使其成长为正常的猴子。显而易见，我们需要

 词语解释

恒河猴
属于灵长目猴科猕猴属，杂食性动物，喜食水果、树芽、蜥蜴和昆虫等。恒河猴是对医学实验做出最大贡献的重要品种之一。

依恋
被熟悉亲昵的事物所吸引。哈洛解释说，当照顾者反复对婴儿的哭、笑、跟随和其他行为做出适当反应时，就会促进依恋心理的产生。

从复杂而非单一的视角出发来探究亲情和成长之间的因果联系。

　　然而，哈洛的实验因对恒河猴造成了残忍的伤害而遭到广泛批评。从动物保护的观点来看，这是一个在现代社会中绝对不会进行的实验。

为什么我控制不住我自己——白熊实验

　　在日常生活中，我们总会遇到越想停止做某事就越无法停止下来的情况。比如，在休息日的时候越是试图忘掉工作就愈发在意工作，或者在失恋后越是想要忘记前女友就越会在脑海中浮现出她的形象。

　　俄罗斯小说家**列夫·托尔斯泰**在小的时候曾被哥哥要求待在房间里的角落里，

恒河猴实验的结果

铁丝母亲　　布制母亲

牛奶

虽然布制母亲无法提供乳汁，但幼猴仍然选择待在这个温暖柔软的人偶身边

然而

成长起来的幼猴无法融入群体之中

▶**亲情对于正常的成长而言是必不可少的因素！**

列夫·托尔斯泰

1828—1910年。俄国著名小说家、思想家。著有《战争与和平》《安娜·卡列尼娜》等多部作品。

直至脑海中不再想起白熊的时候才可以出来。然而，当哥哥出门转了一圈后发现托尔斯泰仍然在房间的角落里非常苦恼地与脑子里的白熊做着斗争。在这一事件的启发下，美国心理学家丹尼尔·韦格纳进行了"白熊实验"。

越是被压抑的想法越有可能冒出来

实验中将受试者分为A、B、C三个小组，并让他们观看了一天的白熊生活录像。之后，韦格纳做出了如下指示。他要求A组牢牢地记住白熊；B组可以在脑海之中回忆白熊也可以不回忆白熊；C组必须完全忘记白熊。

一段时间后，当受试者被问及脑海之中的白熊印象时，结果显示C组对白熊的记忆最为牢固。

这个实验表明，越是被禁止的事情反而越能以更强烈的方式回到你的脑海之中。

不思考即为思考？——讽刺性反弹效应

人类的思维过程可以分为"执行"和"监控"两部分。如果我们想要执行不思考某事物这一思维命令的话，就必须时刻

 词语解释

丹尼尔·韦格纳
1948—2013年。美国社会心理学家，曾担任哈佛大学教授。

禁止
禁止某种行为。这种越被禁止就越想反其道而行之的现象在心理学中被称为"心理感应抗拒理论"（参照本书中的"第十六天"一节）。

白熊实验的结果

一定要牢牢地记住白熊

可以在脑海之中回忆白熊也可以不回忆白熊

必须要完全忘记白熊

A组

B组

C组

C组对白熊的印象最为深刻

对是否思考该事物的行为进行监控。

这被称为"**讽刺性反弹效应**"。其中，典型案例就是越想戒烟就越无法忽视香烟，最终反而变得更加想吸烟。

讽刺性反弹效应

该效应主要用于解释为什么越试图赶走的念头就越会以更强烈的方式回到你的脑海之中。

从著名实验中学习心理学 3

概 述

通过骇人听闻的实验来
达到提高治疗效果的目的

致力于探究"权威"与"服从"的米尔格兰姆

　　美国社会心理学家斯坦利·米尔格兰姆在20世纪60年代通过电击实验对人们的服从心理进行了研究。实验表明，当人们受到来自权威人士的命令和压力时，就有可能实施一些通常不会实施的残忍暴行。这项研究因将人类内心深处的可怕本质暴露于光天化日之下而引发争议，并受到了广泛批评。然而，该实验已经被公认为是对纳粹在第二次世界大战期间的残暴政策所进行的心理学分析，因此它作为一项重要研究至今仍被广泛讨论。

 词语解释

斯坦利·米尔格兰姆

1933—1984年。美国心理学家。他因从事关于服从权威的研究工作及提出"小世界理论"而备受世人关注。

电击实验

米尔格拉姆进行的一个著名实验。实验前的预期是不足3%的受试者会将电击器电流提高至300伏以上，但实际结果却是所有人都选择了这样做。

米尔格兰姆的电击实验

组织者选择了40名男性受试者来参加本次实验。受试者逐个进入实验室来充当出题人的角色，并向隔壁房间的应答者提出问题。在实验开始之前，受试者要先从颇具压迫感的权威人士处获得报酬。

实验室中设置了电击器。权威人士告诉受试者这台电击器连接着隔壁房间的应答者，并且可以逐渐提高功率。一旦应答者回答错误，受试者就必须按照命令来提高电击器的功率。实际上，这台电击器只能产生不会对人体造成任何伤害的微弱电力，并且应答者也提前练习好装出被电击折磨的样子。换言之，应答者就是所谓的"托儿"。

实验开始后，受试者们的举动令人出乎意料。所有的受试者都对回答错误的应答者给予了强烈的电击，尽管他们能够听见从隔壁房间传来的痛苦哀号（事先练习过的声音）。另外，据说虽然有35%的受试者在将电流提高到危险程度后便拒绝继续进行实验，但是仍有65%的受试者在接到提高功率的命令后，依然按照指示将电流提高到最大值。当时，尽管应答者继续进行着敲打墙壁、痛苦尖叫的精彩表演，但受试者却仍然将

服从

听从有权力或权威的人所发出的命令或指示。在某些情况下，人们甚至会为此违背自己的意志来行事。在战争和冲突之中，经常会发生因过分服从而大肆杀戮的情况。

纳粹

德国政党"民族社会主义德国工人党"的简称。以希特勒为党魁的纳粹党于1933年掌握政权，并在第二次世界大战中采取了一系列包括大肆迫害犹太人在内的残忍政策，但最后以失败而告终。

电击器的按钮调至最高。

通过这个实验，米尔格拉姆认为即便有良知的人也有可能在权威人士的压迫下做出残忍的行为，而由此产生的矛盾则会给当事人的内心带来巨大压力。

假扮成患者潜入医院进行实验的结果是……

接下来要介绍的是一个令心理学研究者们大吃一惊的实验。美国心理学家**大卫·罗森汉恩**在1973年进行了一项有关精神医学的**轰动性**实验。他招募了8名正常人，让他们假扮成

电击实验

在权威人士的压力下，受试者被要求在应答者回答错误的情况下对他们施以电击。

啊！

打开电源

| 权威者 | 受试者 | 应答者 |

▶65%的受试者将电流提高到最大值

 词语解释

大卫·罗森汉恩
1929—2012年。美国心理学家。他所进行的精神医学有效性探索实验在精神医学界引起了巨大的反响。

轰动性
引起众多人的兴趣或让世人震惊。

患者去精神科就诊，并告诉医生自己患有严重的幻听症。由于这8个人都是正常人，所以他们在接受医生检查时并没有出现任何精神或肉体上的症状。然而，当他们把虚假的症状告诉医生之后，都作为精神疾病患者被迫住进了医院接受治疗。

8名假患者的平均住院时间为19天，且他们在住院期间的所有行为都表现正常。他们每天都在写报告，医生们也发现了这一现象但从未关心过书写的内容。然而，在病人出院后公布的病历本上却赫然写着"患者有非正常的**记录行为**"。总而言之，假患者所做的一切正常行为都会被认为是精神疾病症状的表现。耐人寻味的是，医院直到假病人出院时才发现了他们的谎言，而最先怀疑这些受试者并非真正精神病人的竟然是医院里的其他精神病患者。

精神科医生能够区分正常人和患者吗？

根据被罗森汉恩送进精神科病房的假患者所写的报告显示，住院期间与医生和医护人员的**接触**时间平均每天不到7分钟。此外，他们在报告中还提到由于不被当作人来对待，他们

记录行为
面对假病人的记录行为，一位护士每天都在病例中记录他们沉迷于非正常的记录。显然，这些正常的行为被认为是精神分裂症偏执型特征。

接触
虽然假患者在住院后没有出现任何异常的行为症状，但仍未被允许出院。

会变得**身心俱疲**。

　　罗森汉恩通过这个实验想要验证的是，精神科医生们能否根据患者的症状来准确地诊断出疾病。如果能够诊断的话，那么又该如何区分正常人和患者呢？

能够在病人之中发现假患者吗？

　　之后，罗森汉恩又进行了另外一个实验。他在对该医院的医生和工作人员讲明实验的原委之后又告诉他们，在接下来为

能够识别精神疾病吗？

▶很难判断患者是否真的患有精神疾病

 词语解释

身心俱疲
受试者的个人物品以及包括如厕在内的一切行为都处于被监视的状态，因此他们认为工作人员侵犯了病人的隐私。

期三个月的时间内会有一名或多名受试者伪装成精神病人前来就诊并住院。医院工作人员则需要对每一位入院者做出评估来确认他们是否是伪装的精神病人。实际上，这也完全是罗森汉恩的谎言。因为他根本就没有安排任何一人试图伪装入院，前来就诊的都是患有精神疾病的新患者。

　　那么，医生们从这些新患者中挑选出了多少名"伪装者"呢？三个月过去后，在193名病人中，院方挑出了41名伪装者以及23名疑似伪装者。然而，事实上罗森汉恩并没有安排任何一位受试者前往医院。

　　罗森汉恩通过这两个实验得出如下结论：在精神病医院里很难区分正常人和患者。这个实验在当时引起了**巨大争议**，并促使多家精神病院改变了以往对待患者的态度。

巨大争议
支持者认为罗森汉恩的实验为精神医学提出了新的研究课题，但反对者则认为该实验只是流于表象。

莫名相信
血型占卜的原因

A 型血的人严肃认真，B型血的人自由奔放，O型血的人慷慨豁达，AB型血的人个性独特……

众所周知，这种广为人知的血型占卜毫无科学依据。然而，为什么自己明明知道这一点却仍然感觉被说中了呢？其实，这也可以用心理学知识来解释。

首先，这是因为"自证预言"在发挥作用。具体来说，就是通过血型占卜了解自身血型所具备的性格之后，便会不自觉地按照性格描述来采取行动。自己在不知不觉间按照已知的预言来行事并最终导致预言的发生，从而产生了占卜应验的错觉。

第二个重要因素是"巴纳姆效应"。具体来说，就是当人

血型

A型

B型

O型

AB型

们在占卜或心理游戏中使用一些含糊不清且适用于所有人的表述来表明结果时，被预测的人往往很容易地就接受了这些说法并认为占卜应验。

在这两种心理作用下，人们会产生占卜结果适用于自己的错觉。

因为性格是无形的，所以人们就会相信甚至依赖占卜结果。然而，如果过于依赖占卜结果的话，就会单纯依靠血型来对他人人格做出判断或抱有偏见。在2000年左右，血型占卜一度在电视上非常流行。彼时，被称为"怪人""不合群"的B型血和AB型血的孩子就遭受了霸凌。因此，我们最好是在理智的情况下享受这种占卜的乐趣。

第8天

改善人际关系的心理学

概 述

[初次见面时要注重"第一印象"，
建立关系后要注重"距离感"。]

给他人留下良好印象，在对方心中树立形象

无论是在商业活动还是个人生活之中，与他人保持良好的人际关系都是非常重要的。那么，如何才能够在初次见面的时候给对方留下良好印象呢？某位心理学家所进行的实验表明，当某个虚构人物被描述为"有智慧的""勤勉的""冲动的""批判性的""顽固的"并且"善妒的"时候，他往往会给人一种既有能力又有缺点的印象。与此相对，如果对他的评价内容与上述特征相反的话，那么他就会给人一种既有许多缺点又无能力的印象。因此，对某个人的初始印象会影响到对其的整体评价。这种心理效应被称为"**首因效应**"。

 词语解释

首因效应

面对同一内容，首先通过积极表达的方式来解释的话就会给他人留下良好印象。

如果你能够在初次见面的时候就给对方留下良好印象的话，之后**证实性偏差**就会帮助你继续保持这种印象，从而促使之后的交往会更和谐顺畅。

只需具备一个亮点就能够转换成为优势

另一方面，许多对自己外貌缺乏自信的人在初次见到别人时可能会感到害怕，并且很难展现自身魅力。从**刻板印象**来看，人们首先会被外貌端正的人所吸引，这一点是不可否认的。我们在面对这种情况时可以利用**光环效应**，即通过单一优势来影响整体印象。

因为人们往往倾向于由点及面地对他人做出评价，因此被评价者只需通过学历、特长、年收入和家庭背景等任何一个方面的优势来掩盖外表上的劣势，就可以给对方留下更好的印象。

因此，我们在初见他人之时首先要列举出自身的任意优点。我们无需过度谦虚或自卑，只要平心静气地展现自己的优点就足够了。

证实性偏差
一旦认定某个事实就会下意识地去寻找支撑该观点的证据和信息，并且忽略或排斥相悖观点的现象。

刻板印象
广泛渗透于社会之中的固定概念和印象。例如"A型血的人做事一丝不苟""日本人喜欢动漫"等。

光环效应
对个体的感知由局部印象扩大至其他方面，即在人际交往中所形成的以点概面或以偏概全的主观印象。这种现象又被称为"晕轮效应""成见效应""光圈效应""日晕效应""以点概面效应"或"月晕效应"等。

把握对方外表和头衔背后隐藏的本质

与前文提到的相反，我们有时候也会因为光环效应误解对方而导致关系出现摩擦。当对方拥有医生、律师等头衔或者出众外貌等显著特征之时，你是否会倾向于感觉此人品格高尚或者给予他更高的评价呢？这就是前文提到的光环效应的反向案例。

过于显著的特征会误导我们对其他特征和要素的评价。你是否会被对方的头衔所迷惑，进而产生过度的期待或臆想呢？然而，期待与现实之前的差距往往就是关系恶化的开端。因此，越是面对条件优越的人，我们越要消除偏见来把握本质。

勇于同自己不喜欢的人进行友好的交谈

有时候我们和别人经过初次见面的交谈并建立一定的联系之后，可能会发现对方是自己不擅长相处的类型。因为每个人都有自己的个性，所以存在一定数量不擅长应对的人——也就

 词语解释

偏见

人类所持有的一种先入为主的观念，主要表现为固执地坚信自身想法是正确的。

是不喜欢的人，也是不可避免的。然而，在社会生活中减少不擅长相处的人的数量并与他们建立良好关系能够给我们自身带来最大利益。为此，我们应该如何去做呢？

第一步是交谈。首先，要通过"早上好""谢谢"等日常问候语来向对方示以好感。其次，要向对方表示感谢或称赞并进行积极沟通，这会让对方感受到善意并且产生必须要回报善意的想法。心理学将此称为"**互惠原则**"。

何为"互惠原则"？

感受到善意

那么我们必须也要以善意回报对方

当我们以积极的态度和对方进行交谈时……

此时的对方会觉得自己必须要以善意回应，否则便会良心不安。因此，他们也会表现出积极的态度

互惠原则

当对方对自己做出积极举动之时，己方会产生必须要回报以积极举动的心理。

我们之所以会觉得对方很难应对，是因为较差的第一印象通过证实性偏差固定下来，并在 自我实现预言效应 的作用下而日益强化。

因此，让我们把对对方的消极印象暂且搁置一旁吧！因为即便只是流于表面地善待对方，也能够消除彼此的隔阂并改善关系。

即使是毫无隔阂的朋友也要保持适当的距离

我们总是会遇到如下状况——对方明明是初次见面且并非难相处的人，但不知为何双方关系似乎难以融洽。此时，我们最好重新审视一下和对方的 个人空间 。衡量日常交往距离的指标大致可分为以下四种。

①与关系密切者的亲密距离

亲近区间（0～15厘米）＝能够感受到对方的体温和气息。

疏远区间（15～45厘米）＝用手能够触摸到对方。

 词语解释

自我实现预言效应

无论人们先入为主的判断正确与否，都会在证实性偏差的作用下或多或少地影响到人们之后的行为，以至于这个判断最后真的得以实现。通俗地说，自我实现预言就是我们总会在不经意间使得自己的预言成为现实。

个人空间

指自己和对方之间的距离，它可以根据与对方的关系或宽或窄。另外，它又被称为"私人心理空间"。

②能够读取对方表情的个人距离

亲近区间（45～75厘米）=伸长手脚能够接触对方。

疏远区间（75～120厘米）=双方均伸出手后指尖相触。

③适合商业活动的社交距离

亲近区间（120～210厘米）=无法触摸对方且不能捕捉到面部表情的细微变化。

疏远区间（210～360厘米）=正式谈话时中间隔有一桌的距离。

④个人关系淡薄的公众距离

亲近区间（360～750厘米）=无法看到表情且不能建立联系。

疏远区间（750厘米以上）=交流时需要使用肢体语言。

另外，男女对待人际交往距离的态度也存在差异。

相较而言，男性的可接受范围更大，而女性的可接受范围更小。了解适当距离之后，你可能会发现自己一直在侵犯

亲近区间
指与关系亲密者之间的距离感。

疏远区间
指与不太亲近的人之间的距离感。

对方的个人空间。如果你觉得与对方的相处不融洽，那么首先不妨评估一下彼此的距离是否合适，这样可能会让沟通变得更加顺畅。

如果你渴望拉近彼此的距离，那么请思考一下"豪猪的困境"

然而，如果只是一味地在意对方是否侵犯了自己的个人空间，那么就永远无法缩短人与人之间的距离感。此时，请回想一下"豪猪的困境"。

这个故事象征着人与人之间的交流。即便对方是自己的朋友、父母、孩子或恋人，只要想法不同，必然会引发矛盾对立。此时，我们无需害怕矛盾对立，而应该在找到妥协点之后进行沟通，这样就可以构建和谐关系。另外，陷入这种困境的原因还包括"主观臆想"。我们总是会过度考虑哪种表述方式会让对方高兴以及哪种表述方式会引起对方的反感。这种主观臆想的行为不但会加深彼此间的伤害，而且还会让双方变得更为疏远。

 词语解释

豪猪的困境

由哲学家叔本华创作的一则寓言。当豪猪想要互相靠近互相取暖的时候，身上的刺就会伤害到对方。但是当寒流再次来袭时，它们又不得不挤靠在一起，同样的事情重新上演。因此，要在反复的接近和远离中找到互不伤害的恰当距离。

为了消除这种主观臆想所带来的消极影响，首先我们要客观地看待自己的心理，检查自身想法是否被对方身上极少量的信息所影响，存在偏见。

最有效的方法就是参考已经与自己建立良好人际关系的人之间的距离感和对话方式，并且要尽可能避免重复过去的失败。只要我们把臆想转换为体谅，那么必定会促使状况好转。

善于倾听就是善于模仿

概　述

随声附和和模仿对方行为都
有助于沟通的顺利进行

通过随声附和和点头示意来充实对话

要想营造出易于交流的沟通氛围，就必须要成为一名优秀的倾听者。"嗯嗯""原来如此"这样的随声附和虽然看似平淡无奇，但是却颇具效果。对这种"点头效应"进行证实的是美国心理学家马塔拉佐。

他对20名受试者进行了如下面试：在最初的15分钟内考官自然地回应；在中间的15分钟内考官有意识地点头；在最后的15分钟内考官没有回应。

结果显示，20名受试者中有17人在第二个时间段发言时间最长。点头示意和随声附和能够传递出"我明白你的意思"

 词语解释

点头效应

点头示意有促进对方说话的效果。这意味着在你点头的同时，对方就会安心地继续表达自身观点。

最后的15分钟

与最后的15分钟相比，受试者在第二个15分钟内的发言时间更长。这证明了发言时间变长不仅是因为受试者已经进入交流状态，而是因为点头示意发挥了作用。

随声附和的重要性

▶ 感受到对方的认可和赞同，会大大提升表达的欲望

和"请继续说下去"等认可或赞同之意。换言之，如果我们想在对话中建立良好关系的话，就必须有意识地进行点头示意和随声附和。

如何单纯通过模仿来获得对方的好感

　　能够与随声附和和点头示意发挥同样效果的是**镜映**。人们往往会对与自己相似的人或采取相同行动的人抱有好感。如果对方是熟悉的人，那么你就直接通过模仿对方的举动来提升亲近感。但如果对方是不太熟悉的人，那么我们首先要进行仔细的观察，然后再若无其事地做出相似的动作并且不能让对方察觉出你在模仿他。接下来，就让我们共同学习一下具体方法吧！

镜映
指关系亲密者之间发生
的行为动作同步的现象。

根据信赖程度合理地运用镜映技能

[建立了信赖关系=镜映]

如果双方已经建立了牢固的信赖关系，那么就可以如照镜子般模仿对方的行为动作。例如，以对方喝咖啡的方式来喝咖啡或以对方交叉手脚的方式来交叉手脚。这不但会让对方感觉与你更亲近，而且还可以增加彼此的亲密感。

[未建立信赖关系=交叉镜映]

一旦对方注意到你在对他的行为举止进行简单的模仿，那么就会产生不愉快的感觉。此时，我们可以恰当地改变这个策略。例如，如果对方用一只手举起了咖啡杯，那么我们就用反方向的手抵住下巴；如果对方大幅度地跷起了二郎腿，那么我们就轻轻地交叉双腿。总而言之，要不动声色地实践模仿技能。

[发展=配合]

这是镜映的升级版，也是提高亲密度的重要技能。它要求我们不仅要冷静地观察对方并模仿对方举止，而且还要努力地配合对方说话的语调、语速乃至呼吸以谋求更高层次的同步。

 词语解释

交叉镜映
将不同领域的事物组合起来
创造出新的事物。

在商务场合中要学会从肯定到否定的转变

即使你能够模仿对方的动作，但未必会时时刻刻都赞同对方的观点。众所周知，在与对方观点相左时，直截了当地提出否定意见未必会有好结果。因此，我们首先要听取对方的意见并给予肯定，之后再阐述自己的想法。这样就能够降低伤害对方心灵的风险。

像这样在肯定对方意见的基础上，再通过"但是""然而"等转折表述来提出自己意见的方法在心理学上被称为"YES，BUT法"。而在肯定对方意见的基础上，再通过"那么""如此一来"等顺接表述来提出自己意见的方法则被称为"YES，AND法"。

有意识地引起亲密伙伴之间的共鸣

映现是有意识地模仿对方，而"姿势呼应"则是指彼此的姿势和动作相互影响从而促使双方重复相同的姿势和动作。例如，在同一时间点喝饮料、跷二郎腿或拢头发等情况通常发生在亲密的伙伴之间。

当然，如果双方的关系并不亲密或者处于紧张状态的话，那么就不容易出现姿势呼应的现象。此时，我们就需要尝

YES，BUT法
在了解对方的想法之后，首先对该想法的可取之处表示赞同认可，然后再批评其中的错误和不当之处。

YES，AND法
在了解对方的想法之后，首先对该想法的可取之处表示赞同认可，然后再通过"那么""如此一来"等顺接表述来扩展延伸该想法。

试进行有意识的姿势呼应。例如，重复类似于"好吃吗？""很好吃哦！"的短句、配合对方的节奏或者用同对方一样的语气来说话等。一旦我们有意识地引起姿势呼应，那么就能够缓和现场的气氛并促进沟通的顺利进行。

在品尝美食的同时进行对话或谈判

　　另外，如果你想和对方搞好关系或者成功进行谈判的话，那么就必须慎重地选择地点。

　　美国心理学家<u>欧文·贾尼斯</u>对216名大学生进行了一项关于<u>午宴术</u>的实验。在该实验中，他将受试者们分作两组并要求他们阅读4篇关于不同主题的说明文。其中一组受试者一边品尝咖啡和花生一边进行阅读，而另外一组则在阅读时没有食用

美食能够提升印象

幸福感

要给对方留下好印象！

因为美食产生的积极情感有助于提升自己在对方脑海之中的印象。

词语解释

欧文·贾尼斯	午宴术
1918—1990年。以研究人类群体化决策而闻名。	心理学家格雷戈里·拉茨兰提出的一种心理机能，即当人们在品尝到美食或接触到自己所喜欢的东西时更有可能对对话者产生积极的印象。

任何东西。

这一实验叫**演示实验**。结果显示，第一组的学生更容易接受文本的内容并同意其论点。换言之，人在进食时更容易接受对方的观点。正如实验中所证实的那样，哪怕这些食物并非正餐而只是一些消遣式的零食也能够发挥同样的效果。

仅凭消遣式进餐都可以促使对话顺利进行

这种心理效应最初是由美国心理学家格雷戈里·拉茨兰在20世纪30年代提出的。该心理效应一经提出，商界和政界的重要谈判和会议便开始在会餐席上进行。充分利用这一效应的关键在于把握时机。例如，当你看到对方沉浸于眼前的美味佳肴而大快朵颐之时便可以趁此机会提出自己的观点或要求，因为此时被对方所接受的可能性较高。

另外，当你想要了解对方或接近你感兴趣的人时，这一效应也能够发挥巨大作用。例如，如果你想引起目标对象的注意，首先要安排一次午餐或晚餐。为了提高成功概率，你需要事先调查好对方的好恶并预定一家能够提供食物美味而且对方喜欢的餐厅。因为，用餐期间一旦出现了哪怕一道对方讨厌的菜，那么结果就会适得其反。

演示实验
将获得认证的案件引入实际场景并验证其是否被接受。

第10天

在社交网络上变得情绪化是
因为缺乏对"人"的正确认知

概 述

即便看不到对方，
也不要忽略他的存在

通过书面形式交换信息是要预防主观臆断

互联网的普及大大地扩展了人们匿名行动的范围。虽然
社交网络和电子邮件已经成为交换信息必不可少的工具，但
同时也造成了误解、攻击性言论和恶性语言暴力等不良事件
的发生。

当我们在进行面对面交谈时会根据谈话内容很自然地进行
非语言交流，比如时而皱起眉头或高声说话等。然而，这种只
有通过面对面才能够获得的信息是无法通过网络传递的。相
反，我们有时为了从有限的信息中推测对方的状况，甚至会
不自觉地制造出虚假信息。在回复邮件的过程中误解越来越

 词语解释

社交网络

社交网络服务的简称。例如，脸书和
推特等通过搭建交流平台来帮助人们
在电脑和智能手机上与其他人建立社
交联系。

非语言交流

不使用语言所进行的交流。它主要包
括动作、手势、表情、脸色、视线等
方式，旨在不通过语言也能够向对方
传达自己的感情。

面对面交流和社交网络交流的区别

▶ 在进行面对面交流时，可以从对方的肢体语言、手势和表情中捕捉到细微差别

▶ 在社交网络上进行交流时，即便是同样的语言表述也无法表达出细微的语感差异，因此容易出现失真的状况

多，臆想越来越严重的例子并不少见。心理学把这种现象称为"**妄想性误认**"。

收发邮件时不但要关注内容，而且还要注意发送时间

　　朋友、熟人和同事之间每天都会发送数次邮件。如今，电子邮件是一个非常重要的沟通工具，但稍不留神它也会让对方产生误解或伤害对方。因此，发件人要在文章撰写和回信时间等问题上进行充分考虑，这是最为基础的礼节。

匿名性提升了人们的攻击性

　　遗憾的是，近年来利用匿名身份在网上对他人进行诽谤中伤、发表**仇恨言论**或进行其他攻击性行为的人越来越多。例

妄想性误认

想象并创造出虚假信息，且将其视为事实。

仇恨言论

指基于人种、意识形态和性别等方面的差异而对个人或群体进行诽谤中伤及歧视的言论。互联网的匿名性加速了这种趋势。

如，某位女明星于2020年对一位多次在互联网上诽谤中伤自己的网民提出了 正式诉讼 ，但作案者竟然是一名非常普通的家庭主妇。该犯罪嫌疑人供述说："因为其他人也都在写（关于该女明星的诽谤内容），所以我想应该不会被发现。"那么，为什么人们在匿名状态下就会肆无忌惮地攻击他人呢？

美国斯坦福大学的心理学家菲利普·津巴多为了验证匿名带来的攻击性曾经做了一个实验。他召集了一群女学生并将她们分作两组：A组学生身穿白大褂且为了让别人看不出她们是谁，只在眼睛和嘴巴处留有小洞，B组则露出脸庞且佩戴姓名卡，让别人能知道她们是谁。

脸庞被遮挡后会更加果断地实施伤害他人的行为

菲利普·津巴多向A、B两组播放以下两种声音：给人以良好印象的女性和实验组织者之间的访谈录音；给人留下傲慢自私印象的女性和实验组织者之间的访谈录音。之后，菲利普·津巴多要求A、B两组同学对两位女性进行电击实验。

A、B两组女学生以及两位实验对象分别被要求进入到箱子之中，然后A、B两组按照指示按下电击按钮直到灯亮起发

词语解释

正式诉讼

对犯罪嫌疑人在互联网论坛上恶意诽谤和侮辱自己的行为进行指控起诉。该事件一石激起千层浪，引起了人们对诽谤中伤艺人行为的重视。

菲利普·津巴多

1933年生。美国心理学家。斯坦福大学的名誉教授。他组织进行的著名社会心理学实验——"斯坦福监狱实验"曾经轰动一时。

出结束信号为止。另外，实验组织者告诉A、B两组学生如果自己觉得被电击的痛苦女性很可怜的话，那么就可以在小组其他成员没有注意到的情况下停止按下按钮。

　　在上述条件为前提的情况下完成实验后，实验组织者对A、B两组学生按下电击按钮的次数和时间进行了总结，并发现A组实施电击的次数和时间高于B组。另外，实验结果表明第二位实验对象受到了更长时间的**"电击"**。

电击实验

A、B两组学生要求对①给人以良好印象的女性和②给人以不良印象的女性实施电击行为

进行了为时更久的电击

▶匿名性较高的A组对实验对象实施了为时更久的电击
▶给人以不良印象的女性受到了更长时间的电击

电击

实际上并没有接通电流，只是实验对象表演出被电击的样子。

匿名性会招致去个性化风险

菲利普·津巴多的实验表明，当人们受到匿名保护并处于分散责任状态之中时，自我控制能力严重下降且同一性和责任感逐渐丧失，进而以非典型的、反规范的方式行动，即所谓的**"去个性化"**。

最终就会出现一系列情绪化且冲动的不合理行为，甚至还会毫不犹豫地做出那些平时绝对不会做的残酷过激之事。心理学把这种状态称为"去个性化现象"。

在互联网上发帖子诽谤中伤他人的大多都是普通人。就像前面所提到的案例，对女明星实施网络暴力的犯罪嫌疑人也因为去个性化而变得具有攻击性，最终给许多人带来了伤害。请记住，我们有时会因为身份的暴露而失去社会地位。

斯坦福监狱实验的结果是一种出人意料的去个性化

此外，菲利普·津巴多于1971年在自己执教的美国斯坦福大学内还进行了一项关于匿名性的心理学实验。实验结果引起了巨大轰动，时至今日人们还在对其真伪进行激烈的讨

 词语解释

去个性化
匿名性会降低个体的自我认同感，使
其更具攻击性。

论。该实验甚至还被拍成了电影，受到了全世界的关注。

在这个被命名为"斯坦福监狱实验"的实验中，菲利普·津巴多首先在大学的地下室建造一个模拟监狱，并征集了24名心智正常、身体健康的学生来随机扮演"看守"和"犯人"的角色。扮演犯人的人要穿上囚衣被拘留在临时拘留所内，而扮演看守的人则要戴上墨镜并穿上看守服来监视扮演犯人的人。

该实验最初计划持续两周，但是看守和犯人的角色行为却伴随着时间的推移而超出原定范围。看守们的行动一度变本加厉，他们会在没有接到指示的情况下自发地对犯人进行惩罚，并将不服从命令的犯人关押起来。

该实验表明，权力结构会让人进入到一种特殊的心理状态。此时人们的行为举止完全取决于所处环境而非个人品德，且不受理性的约束（尽管这个实验的有效性后来受到了质疑）。

在社交网络上，我们往往会认为只要大家都在诽谤中伤某人，那么自己也可以随波逐流地参与其中。一旦产生这样的错误认知，那么很容易就会降低对暴力行为的心理门槛。因此，我们在使用网络之时必须树立自己的价值标准，这样才不会被匿名性和虚拟世界所误导。

权力结构
指有能力强迫对方做他们不愿意做的事的人和被强迫人之间的关系。

有效性
有人提出质疑称该实验本身就是惨无人道的。

第11天

修复关系的诀窍在于
"放置一夜"

概 述

即便看不到对方，
也不要忽略他的存在

掌握高明的争吵方法

原本关系亲密的朋友或恋人因为偶发事件发生口角之时，也会变得情绪高涨且口无遮拦。待心情平复之后，他们又会对自己的口不择言后悔不已。

我们在吵架时因愤怒或悲伤而说出的话大多与自己的真实想法无关。因为如果想把内心深处的感情立刻用**语言表述**出来的话，反而只会停留在**表层**理解之上，进而阻碍内心深处真实感情的表达。在心理学上，这被称为"语言遮蔽效应"。最初的细微分歧也有可能会逐渐升级成为裂痕，最终导致关系的破裂。

 词语解释

语言表述	**表层**
把心中所想用语言表达出来。	浮于表象的事情。

语言的深处是否隐藏着真实内心?

▶ 表面的语言也有可能导致争吵或关系破裂

争吵之前冷静一夜可以减少伤害

无论如何,争吵都属于一种消极的沟通方式。然而,唯一值得庆幸的是这种语言遮蔽效应的影响只是暂时的。我们只需要过一夜就可以冷静下来并客观地审视自己。

当然,如果能够避免吵架是最好不过的了。然而一旦出现这种状况,我们不要配合着对方的怒气恶语相向,而应该压抑怒火并冷静一夜。因为一旦将愤怒宣之于口,必然会带来难以弥合的伤害。

防止冲突升级需要与问题保持距离

虽然没有人愿意同他人发生争吵,但冲突总是在无意中发

配合

来源于英文单词"synchronize",
意为"同步、配合时机"。

生的。如果最终无法避免，那么我们至少要掌握高明的争吵方式来避免事态继续恶化。在这里值得关注的是心理学家<mark>理查兹·拉扎勒斯</mark>提出的"压力与应对模式理论"。

"因应"是处理问题之意，具体指因其所遇而应之的行为。近年来，它作为学校和企业广泛采用的一项<mark>心理健康</mark>对策而受到关注。除了在对方攻击性言行的影响下感觉愤怒或悲伤，来自对方的诽谤中伤也会造成新的压力。争吵本身也是一种应激的反应，是防止事态严重升级的极有效手段。

另外，因应又可分为"问题焦点型因应"和"情绪焦点型因应"两种模式。

【问题焦点型因应】

目的：在可控的情况下从正面着手解决问题或者通过咨询第三方来确定

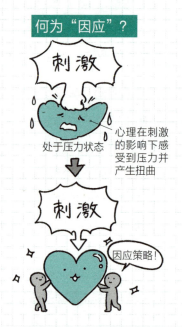

何为"因应"？

刺激

处于压力状态

心理在刺激的影响下感受到压力并产生扭曲

刺激

因应策略！

在刺激的作用下使扭曲的心理恢复正常

 词语解释

理查兹·拉扎勒斯

1922—2002年。美国心理学家。他作为心理压力学方面的权威提出了"压力与应对模式理论"。

心理健康

指心理层面处于良好或正常的状态。

应激物并谋求解决。

　　问题解决方法：从正面着手明确问题的成因并消除应激物。

　　辅助要素：向值得信赖的人进行咨询。

　　【情绪焦点型因应】

　　目的：在失去控制的情况下尽量减少或缓和不愉快情绪，而并非试图直接解决问题。

　　问题解决方法：改变自身看法和想法，探索新的适应方法；通过兴趣爱好或旅行等方式来恢复精神、放松心情；暂时延缓问题的解决时间；彻底放弃。

　　辅助要素：依靠自身进行思考。

无论面临怎样的局面，都要头脑灵活地应对

　　在面临可能爆发争吵的局面时，我们要静下心来寻找原因并尝试解决问题。但如果为时已晚，那么最好通过喝点饮料或上个卫生间的方式来暂时与问题保持距离，之后可以选择改日再谈。

　　要想最大限度地发挥上述因应策略的效果，最重要的是因时制宜地选择合适的方法。因应贵在灵活，我们不能因为某方法无效便选择放弃，而应该继续尝试下一个方法。

应激物

心理压力的主要成因，主要分为物理性（气候和噪声）、生理性（疾病和疲劳）、化学性（药物）和精神性（人际关系等引起的痛苦）4种。

沉迷某事物背后的心理因素是什么？

们沉迷某事物的原因是多种多样的，比如为了消除孤独感、因人际关系而烦恼或者希望得到他人的认可等。在此，我将从心理学的角度来对沉迷的理由进行说明。

人类每天都会受到各种各样因素的影响，而人们对于这种影响的态度分为三种：追随、认同、内化。

追随是为了做给对方（影响实施者）看而只在表面上达成一致。在这个阶段，被影响者的真实想法不会发生改变，因此也不会出现任何问题。

认同是指受影响者同意并肯定对方的行为，渴望成为和对方一样的人，想去对方曾经去过的地方，努力和对方保持步调一致。这种情况大多适用于乐队和演员的粉丝。

内化心理是指沉迷于对方并对他的想法深信不疑的状

态。这种情况下，对方的思想就是你的想法，而你则追求与对方步调完全一致，因此会深陷其中且难以自拔。

大多数沉迷某想法的人都会产生这种内化心理。内化心理过程原本是将社会规则和规范作为自己的行为准则来加以吸收接受的过程，这对于群体生活的顺利运行是必不可少的。然而，这种行为也有可能适得其反，让民众失去自己的思想。

与上司和谐相处的办法

概 述

把握上司的类型，
传达自身的想法

不被上司所左右的人际关系构建法

在一个组织中工作的关键要素在于自己与上司的人际关系。对于不喜欢的上司，我们也必须要妥善地应对。由管理学家劳伦斯·J. 彼得提出的"**彼得法则**"指出，上司本来就是无能的。在崇尚能力主义的组织架构中，人的能力极限决定了他的位置。总而言之，如果上司对现在的职位感到非常满意的话，那么就意味着他是一个无能之辈。如果你想创造佳绩，就不能被无能的上司所左右且要同他和谐相处。

通过PM理论分析上司的领导能力

我们可以参照心理学家**三隅二不二**教授提出的理论，

 词语解释

彼得法则

它是一个组织管理心理学术语。该法则指出如果组织中的所有人才都无法发挥能力且获得进步的话，那么该组织最终会陷入瘫痪。

三隅二不二

1924—2002年。他曾任九州大学教授、是大阪大学名誉教授、筑紫女子学园短期大学校长。三隅二不二主攻社会心理学，是日本群体动力学研究的先驱。他提出了"PM理论"等一系列用于研究领导行为模式的理论。

"**PM理论**"可以判断上司的领导能力。其中，"P"表示目标达成功能（绩效功能），"M"表示团体维持功能（维护功能）。三隅二不二用P作为横坐标，用M作为纵坐标，并在P和M两坐标线中点各画一条垂线，则可得出PM、Pm、pM和pm四种领导类型。我们要根据领导的类型来改变自己的举止和心态。

PM 理论

团体维持功能

虽有声望但无工作业绩的懈怠状态

既颇有声望又有工作业绩的活泼状态

目标达成功能

既无声望，又无工作业绩的胶着状态

虽有工作业绩但颇失声望的死板状态

PM理论

通过对目标达成和团体维持这两种能力进行分析，将领导能力分为四种类型。这四种类型都是由字母"P"和"M"组合后进行表示的，其中大写字母表示该能力较强，而小写字母则表示该能力较弱。

通过自我展示来管理印象，以提高上司对自己的评价

为了与上司建立良好的人际关系来促进工作顺利开展，我们必须要得到他们的高度评价。因此，我们需要事先掌握一些技巧，重点是如何在上司面前更好地展示自己。

这种向对方尽情展示自己的心理被称为"**自我表现型印象管理**"。它是由美国心理学家琼斯和皮特曼提出的理论。该理论的具体实践方法共分为五种，其中有一种是"**逢迎**"。

如何巧妙地运用奉承和殷勤

在逢迎的过程中必定存在着奉承和献殷勤的行为，这非常有助于我们与上司建立良好关系。虽然有些人会对奉承或献殷勤的行为产生抵触心理，但不妨试着把自己的感受坦率地传达给上司，比如"您的想法给我留下了深刻印象""我想向您学习领导能力"等。这句话可以满足上司内心深处的要求，因此不仅不会让他产生厌恶感，而且还会因为受到称赞而对你充满好感。

上司的这种心理被称为"互惠原则"，因为上司内心有"自

 词语解释

自我表现型印象管理
尽情地展示自己，以赢得对方的好感。它主要包括逢迎、自夸（展现能力）、示范（彰显道德感）、恫吓（威胁）、恳求（恳求援助）五种策略。

逢迎
通过自我表现进行印象管理的一种形式，其具体操作包括自我表露、随声附和、亲切待人、奉承恭维、打勤献趣。

我认可需求"。换位思考一下，我们是否也曾经对称赞或认可自己的人产生好感呢？如果我们能够巧妙地运用这种心理来让上司和自己都可以愉快地开展工作且提高业绩的话，那么奉承和殷勤就不算是非道德手段。

当然，我们也要注意不要过度夸张或刻意地进行赞美，否则会让对方觉得自己是一个只会卖弄唇舌却不值得信任的下属。

无法表达反对意见时的心理状态

虽然我们经常与上司的意见产生分歧，但要站在下属的立场上提出反对意见要比想象的困难得多。这其中究竟是怎样的心理在发挥作用呢？上司对下属持有"社会权力"。这是一种

自我表现型印象管理的 5 种策略

逢迎
自我披露、随声附和、亲切待人、奉承恭维、打勤献趣

自夸
展示能力和业绩

示范
主动做其他人不愿做之事，以彰显道德感

恫吓
威胁、发怒

恳求
自我批判、恳求援助

自我认可需求
渴望得到周围人认可或高度评价的心理。在组织中身居高位的人往往会产生非常高的自我认可需求。

社会权力
具体可分为以下五种类型——奖赏权力、强制权力、拥有专业知识和经验的专家权力、拥有特定社会地位的法定权力以及感召下属追随自己的参照性权力。

对对方具有影响力的潜在能力，共分为5种类型。在这5种类型之中，上司所持有的是给予下属工资等报酬的"奖赏权力"和惩罚下属的"强制权力"。下属们不能抵抗这种权力压力，因此很难畅快地提出反对意见。

既尊重他人又坚持自我的诀窍

在这种情况下，我们可以运用的心理技巧是"**断言**"。具体做法是首先对上司的意见和想法表示尊重，然后再阐述自己的反对意见。例如，"针对经理您的想法，想必各位员工应该都能接受。其中我想说的是……"如此，我们要在考虑上司心情的基础上再明确自己的主张。与此相反，通过攻击性语言来穷追不舍地反驳对方的行为会被视为"挑衅"，而一味听从对方主张且不提出自身意见的行为则被视为"退缩"。这两种方式都会引发冲突和不满，所以要尽量避免。

如何避免辱骂和职权骚扰性言论

上司的辱骂和职权骚扰会导致工作积极性的降低，但是我们也可以运用一些方法来巧妙地回避。在沟通分析中，我们把

 词语解释

断言

在尊重对方的前提下表明自身意见和要求的沟通技能。它要求我们在不否定或强迫对方的情况下坚持自我主张，建立良好的人际关系。

沟通分析

由精神科医生艾瑞克·伯恩创立的心理学理论。该理论主要包括结构分析和沟通分析等内容，前者是将个体的人格特征分为父母、成人、儿童三种心理状态，后者则是根据沟通双方所持有的心理状态划分出为互补、交叉和暧昧三种沟通形式。

令对方感到不快的言行称为"**负面触动**"。经常实施负面打击行为的人，实际上是通过向他人发泄不安情绪和打压别人来使自己安心。如果我们用微笑或玩笑回应他们或者落落大方地承认自身错误的话，那么可以在一定程度上减少负面触动。相反，如果你因为上司的辱骂或职权骚扰性言论而变得愤怒或沮丧的话，那么这种压力将会进一步升级。

与上司进行恰当的沟通交流

◎ 断言

在尊重对方的前提下发表言论

我的确能够明白您的意思，但是……

▶既尊重对方又坚持自我

△ 退缩

虽然我感觉他说的不对，但是……

▶默默地保留自己意见

△ 挑衅

▶完全不听对方的意见

负面触动

指人与人之间的言行交流。其中，接受和表扬等行为被称为"正面触动"，而斥责、虐待或否定等行为则属于"负面触动"。

与同事和下属
和谐相处的办法

概 述

重视对话和信息交流，
提升对方积极性

第一印象的影响长存

无论从事什么行业，成功的关键都在于团队合作。

在与同事和下属构建良好人际关系的过程中，心理学知识能够发挥巨大作用。比如，当你在团队中被孤立或者发现有人被孤立的时候，可以尝试灵活运用"**自我表露**"的心理技巧。

正如前文所述，人们对某个人的看法会受到第一印象的制约（证实性偏差）。

在面对第一印象较差的同事或下属时，我们可以尝试通过自我表露的方式来着意与他们搭话，并在互惠原则的基础上努力修复关系。

 词语解释

自我表露

把自己的相关信息和想法传达给对方，其特征是无论表露要素积极与否都要毫不掩饰地表现出来。

直面问题，解决纠纷

暂且不论自己是否擅长工作，我们总会在工作方法和方向上与他人产生对立。

人与人之间发生的冲突和对立在心理学上被称为"**人际冲突**"。

如果想要在商业活动中维持良好的人际关系，就必须学会灵活应对人际冲突。根据美国**心理学家罗伯特·布莱克和数学家简·莫顿**的观点，人际冲突应对方式分为以下五种。

回避型……拖延解决已经发生的问题。

妥协型……寻找妥协点以争取相互让步。

平滑型……求同存异地解决问题。

强迫型……主张自我立场且互不相让。

合作型……深入探讨问题直至双方均满意。

解决纠纷的最理想方式

在上述方法中最有利于解决人际冲突的是合作型应对方式。当我们与同事或下属意见相左时，最重要的是要本着诚意进行讨论直到双方相互理解，这才有利于问题的解决。心理学

人际冲突

包括以下三种类型——关于工作分配的利益冲突、关于工作方法差异的认知冲突以及关于规范性的规则冲突。

心理学家罗伯特·布莱克和数学家简·莫顿

两者均为美国得克萨斯大学教授。主要研究方向是领导行为理论，并侧重于分析领导与下属的人际关系和对业绩的关心程度。

的研究和分析已经充分地证明，通过回避型和强迫型等应对方式既无法解决问题，也不能促使状况得以改善。

扩大谈话范围的开放式提问

针对问题进行彻底讨论对于解决对立冲突是非常有必要的，然而有许多人却因为不能很好地表达自身观点而烦恼不已。如果在你的同事或下属中存在这种类型的人，那么不妨尝试一下"**开放式提问**"。

交换意见时

合作型
▶共同寻求对双方均有利的方案

让我们以后再探讨吧！

回避型
▶采取退缩或中立态度，拖延问题的解决

我的意见一定是正确的！

强迫型
▶固执己见且毫不让步

妥协型
▶互相让步以找到能部分满足双方诉求且双方均能接受的办法

平滑型
▶在冲突的情况下尽量弱化冲突双方的差异，更强调双方的共同利益

 词语解释

开放式提问

一种允许应答者自由展开对话的提问方式。
例如，通过"你小时候是在哪里长大的？"这一问题就可以引导对方提供家庭成员、成长环境和学校等各种信息。

使用开放式提问进行对话不仅可以让对方更轻松地表达自身情感，而且还能够以某一段对话为契机来扩大谈话范围。

具体方法是提出一些答案非限定的问题，比如"顾客的评价如何？""你认为问题是什么？"等。面对这样的提问，对方也会更轻松地表达自身观点，比如"虽然销量不太好，但是顾客很感兴趣""我觉得商品的摆放方式不太好"等。相反，把答案限定为"是"或"否"的提问方式被称为"**封闭式提问**"。这种提问方式会令对方无法吐露心声进而无法解决问题，因此要尽量避免使用。

另外，如果你想从同事或下属那里得到意见或建议，那么也要显示出积极聆听的态度。在不打断对方讲话的前提下，适时地随声附和会让对话更加深入。

越接近目标就越有动力

想必大家都曾经有过这样的经历——在处理堆积如山的工作时，从开始到中期这一阶段很难进入状态，但是越接近目标就越有动力。这在心理学中被称为"**目标梯度效应**"，是指当人越接近一个目标时，完成该目标的动力就会越强。

封闭式提问

与开放式问题相反，这是一种将答案限定为"是"或"否"的提问方式。例如，"你家里有父母和兄弟姐妹吗？"等。

目标梯度效应

指越接近目标，动力越足、效率越高的心理现象。

我们可以利用这一效应来调动同事和下属们的积极性。重点并非是树立宏大目标并强迫他们盲目努力，而是要细化工作流程并设定许多小目标。这是一种通过反复达成小目标来促使其保持动力的心理技巧。

通过表扬激发动力

面对失去动力的同事或下属们，我们会经常纠结于应该加以严厉斥责还是通过表扬来促使其进步。其实，在心理学上已经得出了表扬能够提高动力和效率的结论。在美国心理学家进行的一项实验中，三组小学生被要求进行为期五天的测试。

第一组是接受表扬的"称赞组"，第二组是承受批评的"斥责组"，而第三组是既不表扬也不批评的"放任组"。结果显示，到最后成绩得以提高的学生都来自"称赞组"。虽然"斥责组"的前期阶段成绩还不错，但到了中期便开始进入下降状态。"放任组"的成绩虽然在开始阶段有所提高，但一直未见明显变化（**强化效应**）。

 词语解释

强化效应
通过表扬来提升动力。努力的目标不是获得工资、奖励等报酬，而是为了获得表扬或提高评价。

由此可见，人在被表扬时会持续进步。此外，表扬方式也要讲究技巧。美国心理学家**卡罗尔·德韦克**认为，表扬对方努力所产生的效果胜于对天赋的赞美。或许，"你的努力对我帮助很大"这句话会成为激发团队动力的钥匙。

表扬可以提升动力和业绩

▶一旦受到表扬，业绩会一直持续上升到项目结束

▶一旦遭受斥责，动力就会下降

▶一旦放任不管，团队就会停滞不前

卡罗尔·德韦克

1946年一　。美国心理学家。她曾经做过一项关于表扬的实验。实验组织者随机地把孩子们分成两组，一组孩子得到的是关于天赋的夸奖，而另外一组孩子得到是关于努力的夸奖，最后得出后者更能够提高自身积极性的结论。

第14天

为自身意见获得认可而创造良好环境

概　述

要想打动大多数人，
就必须理解集体讨论的特性

通过心理训练消除紧张

当我们想让自己的策划或创意获得周围人的认可时，一味一意孤行地坚持自己的主张只会徒劳无功，最重要的是创造出一个有利于获得周围人认可的环境。首先，我们要从调整自身心态开始着手。比如在演讲和策划会等场合中，大家可以尝试进行运动员常用的心理训练。训练内容主要包括微笑法、呼吸法和肌肉松弛法等**放松训练**，以及想象演讲成功场景的意象训练。只要以放松的心态表现出高度的积极性，那么就能打开听众的心扉，进而更加容易地传达自我主张。

 词语解释

放松训练
稍事休息、放松身
心、缓解紧张等。

成功的演讲离不开3个"P"

在学会了如何消除内心紧张之后，接下来就要尽量把握引导演讲获得成功的诀窍。心理学认为，**个性**（Personality）、**程序**（Program）和**演讲技巧**（Presentation Skill）这3个"P"在演讲过程中是至关重要的。通过提高上述3种水平，能够进一步抓住听众们的心。有研究表明，听众对我们所提意见的接受程度不仅取决于对内容的共鸣度，而且还受到我方地位和态度的影响。因此，如何展现自己成为在演讲中获胜的重要因素。

演讲过程中的三大重要因素

▶重视3个"P"，让演讲更富魅力

个性

在演讲过程中，给他人留下良好的第一印象是至关重要的。

程序

指演讲的内容，主要包括SDS法和PREP法。其中，SDS法是指演讲内容由概要（Summary）、详情（Details）和总结（Summary）三部分组成；而PREP法则是指演讲内容由观点（Point）、理由（Reason）、事例（Example）和结论（Point）四部分组成。

演讲技巧

有效地向对方传达内容的技巧。除了说话方式之外，资料和摘要（对资料的概括）的制作也是提高技能的关键。

多数派的意见普遍具有风险性

在举行集体会议时，全体与会人员共同参与讨论是民主的体现，可以避免出现专断和独裁，但有时也会偏向于选择风险较高的方案。在具有同伴意识的集体中，人们会倾向于赞同多数派的意见。即使个人了解到其中的风险，但是也很难对多数人都认可的事情提出反对意见。

这是由社会心理学家詹姆斯·斯托纳提出的理论，他称其为"**群体极化**"。当集体的意志逐渐向某个极端倾斜时，即使有人提出反对意见也会被一口否决，而最终结果也会朝着消极的方向发展。

从众效应导致错误的行为选择

斯托纳的群体极化理论在"**阿希从众实验**"中得到了佐证。在该实验中，实验组织者让7~9人为一组来比较线段的长度。他拿出一张画有一条竖线的卡片，然后让受试者比较这条线和另一张卡片上的3条线中的哪一条线等长。当受试者单独做出选择时，正确率高达99%。然而，如果除了受试者以外的其他"托儿"都故意选错的话，那么受试者也会跟着做出

 词语解释

群体极化
是指在群体中进行决策时，人们往往会比个人决策时更容易向冒险或保守中的某个极端倾斜，从而背离最佳决策。

阿希从众实验
受试者在单独进行选择时，正确率为98%；如果"托儿"们全部故意选择错误答案的话，那么受试者的正确率为68%；如果"托儿"中有一人选择正确答案的话，那么受试者的正确率为94%。

错误选择，此时的正确率为68%。之后的研究表明，即便受试者意识到自己所看到的与他人不同，但迫于多数人的压力还是会做出从众选择。例如，当被告知除自己以外的其他人中有80%选择了A，那么原本认为答案是B的自己也会选择A。这种心理被称为"**从众心理**"，且这种心理在日本人身上体现得尤其强烈。

比起坚持自己意见来，日本人更倾向于把体谅他人并同他人步调一致当成一种美德。如果能够反其道而行之，那么我们所提出的企划或主张就有可能在会议上获得多数人的赞同。具体方法将在下一页进行介绍。

阿希从众实验

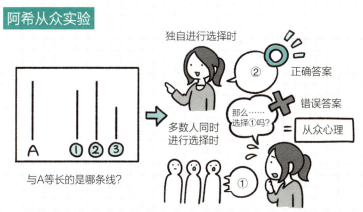

▶即便面临原本不会出错的问题，也会在周围人的影响下做出错误的选择

从众心理

改变自己原本的想法以迎合与自己意见不同的人。原因在于我们对自身想法缺乏自信或是想要回应他人的期待。

运用从众心理改变会议风向

我们可以将上一页中介绍的从众心理灵活地运用于策划会议或演讲之中。具体做法是在说明策划内容或阐述自身意见的同时要明确多数派的人数。

比如，"顾客问卷调查显示有90%的人认为这款商品很好吃""7成以上的员工对制度持有疑问"等。如此一来，听众们就会在从众心理的影响下更容易接受该策划方案。

如何促使少数派意见获得认可

接下来，我们来思考一下如何促使少数派意见获得周围人的认可。在一切对话中，并非只有多数派的意见才是正确的。当结果被引向危险方向之时，那些持正确意见的极少数人就必须站出来进行强硬的反驳。

当然，在这种场合中也可以运用在心理学中被称为"**少数派影响**"的心理效应。少数派影响效应在"**霍兰德策略**"和"**莫**

 词语解释

少数派影响
是指多数派的行为或思想被少数派所影响。目前，广为人知的有霍兰德策略和莫斯科维奇策略这两种方法。

霍兰德策略
通过让少数派中具有较高威信的领袖人物发表强烈主张，来使得多数派认为少数派意见可取。

斯科维奇策略"中得以充分应用并为世人所知。其中一个关键点是要保证想法不出现偏差。通过一以贯之地坚持己方意见，就会让多数派对自身想法的正确性产生怀疑。

　　然而，如果你只是一味固执己见的话，那么也不会获得任何好处。我们不但要解释出现该想法的原因，而且还要结合社会和时代潮流进行说明以增强说服力。

　　另外，在少数派中引入领袖人物也会起到积极作用。比如，我们可以告诉大家自己的想法与某位被大家所信赖的领袖人物所持观点是一致的，这样就有可能推翻多数派的观点。

　　无论是多数派还是少数派，要想使得自身意见获得周围人的认可就必须运用心理学知识。

如何让自身意见获得认可？

①有说服力的强烈主张

难道是我想错了吗？

②引入领袖人物

如果那个人也是这么想的话，那么该方案应该是可行的！

莫斯科维奇策略
少数派通过持续而强硬地坚持己方意见，来使得多数对自身想法的正确性产生怀疑。

拜托他人时可为
其设置选项

概　述

不要直接提出要求，
而应该适时调整语言节奏

避免对方拒绝的虚拟前提暗示

任何工作都很难依靠个人的力量来完成。只有通过互相
配合才能够共享成功。关键在于无论是委托工作还是拒绝工
作，都要心情愉快地进行交流。

首先我要介绍的是委托工作时可使用的心理技巧。技巧有
"**虚拟前提暗示**"和"**循序渐进法**"。比如当你想拜托对方整理
文件时，如果直接询问对方能否帮助自己整理文件的话，那么
他就有可能以工作忙为由拒绝你。但是，如果你问对方是愿意
帮忙整理文件还是打扫书架的话，那么他们就有可能选择整理
文件，就好像从一开始就决定要帮忙一样。这被称为"虚拟前

 词语解释

虚拟前提暗示	循序渐进法
一种不让对方回答"是"或"否"，而是提出A或B等若干前提选项来让对方做出选择的心理技巧。由于未设置否定选项，所以不会被拒绝。	从对方容易答应的请求开始逐渐扩大请求范围的谈判技巧。该方法又称"踏脚入门技巧"，来源于挨家挨户的推销方法。推销员在敲开门后要把脚踏进门槛里去，以免顾客瞬间把门关上。一个好的推销员知道只要他能说服顾客把门打开并开始交谈，那么消费者就有可能购买一些产品。

提暗示"，是一种人们只根据所提供的选项来判断事物或做出决定的心理。因为请求之时并没有设置"不帮忙"这个选项，所以对方必然会接受委托。

循序渐进地请求他人

另外，当我们在向他人委托工作之时也会犹豫该请求是否过于勉强。此时，你可以灵活运用"循序渐进法"。比如当你想要输入大量数据时，如果突然要求对方全部输入的话可能会遭到拒绝，那么不妨先尝试要求他们输入少量数据，之后再逐步增加直至该项工作完成，这样一来对方就更容易接受了。

另外，美国心理学家**坎宁安的实验**表明，心怀愧疚的人更容易接受别人委托的事情。虽然这像是一种伎俩，但在不得已之时不妨尝试把工作委托给那些你握有他们把柄的人（比如你曾经在他烂醉如泥的时候予以照顾等）。

以退为进地请求他人

与上一页中介绍的"循序渐进法"相对应的是"**以退为进法**"。具体操作方式为首先提出一个对方可能会拒绝的较大要求，然后待到对方不出所料地加以拒绝时再提出较小的真正

坎宁安的实验

在做过亏心事或心怀愧疚的人之中，倾向于协助他人的约占7成。与此相对，在没有做过亏心事或心中无愧的人中，倾向于协助他人的约占4成。

以退为进法

利用拒绝他人后会产生愧疚感的心理，将要求从高向低递减的谈判技巧。推销员在敲开门后立刻要把头探入屋内，待遭到主人驱逐后会站在门口给他们介绍产品。该技巧主要利用了主人驱逐他人后产生的愧疚心理，从而有可能购买一些产品。

要求。如此一来，对方就会因为拒绝了较大的要求而心怀愧疚，进而就更容易接受较小的要求。

例如，当你想要输入100份数据时，不妨尝试向对方提出输入200份数据这样一个不可能被接受的要求。如果对方以没有时间等为理由加以拒绝的话，此时我们再提出输入100份的请求，这样就可以让他们更加容易接受。

无论是由小及大的"循序渐进法"还是由大及小的"以退为进法"都能够促使对方接受请求，但是我们要根据工作状况和对方反应来灵活使用这两种技巧。

通过明确理由来提高交涉成功率的自动反应模式

除上述技巧之外的交涉方法还包括明确请求对方的理由。比如在委托对方完成某些文件时，与其直接要求他们协助完成文件，倒不如以希望客户要求明天完成文件为由来向他们提出请求。如此一次，对方接受该请求的可能性就会大大提升。这在心理学上被称为"**自动反应模式**"。

心理学家**埃伦·兰格**所做的实验表明，单纯提出要求时的交涉成功率只有60%左右，但是在添加某些理由之后的成

 词语解释

自动反应模式

埃伦·兰格在实验中采用各种表述方式来向排队等待复印文件的人提出自己先行复印的请求，以此来观察人们对不同表达方式的反应。结果显示，比起单纯提出"请让我先复印"的请求而言，使用时间较紧或客户要求立刻复印等理由能够大大提高被应允率。换言之，当人们听到某些理由时，内心深处的开关会自动打开，且大脑不需要深入思考便会指使身体机械性地活动起来。

功率则会提高到90%以上。当然，该理由最好具有一定的意义，但是即便这个理由并不具有说服力也同样可以提高对方答应的概率。比如，即使我们以无论如何都要完成资料为理由来请求对方帮助，也比单纯直接地提出请求更容易让对方接受。

给他人留下良好印象的拒绝方法

至此，我为大家了介绍了委托他人时可使用的心理技巧，接下来再讲解一下如何拒绝对方的请求。

当对方提出难以令人接受的请求或要求你负责难以处理的项目时，如果我们直接以"我做不到"或"不在我的责任范围内"为由加以拒绝的话，那么必然会致使团队合作出现裂痕。

根据状况差异来区分使用上述方法吧！

埃伦·兰格

1947年一　。美国心理学家。曾担任哈佛大学教授、社会心理学项目主席等。她作为近年来备受关注的正念领域的研究学者而闻名。

然而，来者不拒地全盘接受也会给自己造成巨大的压力。

因此，如果我们想要在不破坏对方印象的前提下委婉拒绝的话，那么可以尝试灵活运用"附带条件接受法"。

假如有人要求你在周末加班时，你的真实想法是想拒绝，那么，你此时可以告诉对方"我周六有安排，但是周日可以来加班"或者"我这周不能来，但是下周末可以来加班"。如此，我们可以在主张自身附带条件的同时来应允对方的要求。这种表述方式不但能够表明你理解并赞同他们的要求，同时也告诉对方自己目前无法做到这一点，而且还可以委婉地阻止对方提出更多要求。

更适合婉拒对方的"YES，BUT法"

此外，我们还可以在上述"附带条件接受法"的基础上发展出一种更委婉的拒绝方式。同样以要求周末加班为例，我们可以告诉对方"我可以在周末加班，但是只有周六能来"或者"我可以在周末加班，但是要到下下周才可以"。如此，我们要首先表示同意，然后再明确自己的条件。这其实是前文中所介绍的"YES，BUT法"的一个变形，就是将"附带条件接受

 词语解释

印象
从对方的语言和行动中产生的理解和感受。

附带条件接受法
附加己方条件来回应对方的要求。在接受对方要求的同时提出自己的条件，结果就有可能成功地拒绝对方。

法"中的前后语句进行位置颠倒。

　　虽然这两种回答方式都是为了拒绝对方，但是由于"YES，BUT法"率先使用了接受对方要求的肯定语句，所以要比"附带条件接受法"更能给人以柔和印象。对于委托方而言，被对方以"我想配合，但不方便"为由委婉拒绝要比直接以"我做不到"或"我不做"为由断然拒绝更容易接受。

想要顺利地拒绝对方时……

第16天

解读消费者行为，深入了解商品

概　述

[
确定定价方式和选择方式，
满足买卖双方的需求
]

设定半吊子式价格，激发顾客的购买欲

在商业活动中，我们必须考虑商品的价格设定、促销活动和**品牌推广**等销售战略。接下来，我们从心理学角度来分析一下产品畅销的因素。

"**心理定价**"是一种广泛应用于商品定价环节中的技巧。比如，超市会把商品的价格设定为198日元、1980日元，其理由是这些比200日元、2000日元稍微便宜些许的半吊子式定价会让消费者们感觉更划算。

另外，可丁可卯的金额会给人一种卖方粗略定价的感

 词语解释

品牌推广

构建一个对消费者而言具有高价值的品牌活动和企业战略。它可以促使自家企业产品区别于其他企业产品，进而增加顾客兴趣并提高顾客购买欲望。这也被称为"品牌化"。

心理定价

在考虑消费者心理的基础上来确定售价。例如，通过设定较高金额来营造高品质之感，或者设定较低金额来营造物美价廉之感。

觉，而这种半吊子式的金额则会让消费者们深究这个定价的意义。这种心理被称为"**尾数效应**"。此外，尾数还会让消费者产生销售方正在大力降价的感觉。

面对定价时的心理

真划算！

19800日元

卖家定这样一个半吊子式的售价是不是在打折呢？

▶半吊子式的定价会让消费者觉得更划算

日本人对数字"8"拥有根深蒂固的好感

大街上98日元、198日元、1980日元等含有数字"8"的价格标签比比皆是。这是因为日本人非常喜欢数字"8"。自古以来"8"就被认为是吉利的数字，它包含了买卖双方和气生财的美好愿望。

选择中间档位便会让人安心的"松竹梅法则"

许多零售业者在商品陈列时会将三档价位的同类商品并排陈列。例如，如果卖家想销售29800日元商品，就会把低

尾数效应

店家通过设定98日元、980日元等比整数金额较低的售价来让消费者觉得更划算。在日本国内多用数字"8"，而在其他国家多使用数字"9"。

档位的19800日元商品和高档位的39800日元商品陈列在一起。如此一来，就能够提高中间档位的29800日元商品的销售额。这被称为"松竹梅法则"，是基于日本古代等级观念创造出来的商品陈列法。

在"松=上、竹=中、梅=下"这样的等级设定中，人们更倾向于选择位于中间的"竹"。这是因为人们往往会觉得中间档次的商品最安全且风险最小。例如，在寿司店或餐厅选择菜品时，人们往往会觉得"松"档太贵且不划算，"梅"档虽然便宜但可能质量不佳，因此最终选择了位居中间的"竹"档。这种边缘回避性现象恰当地反映了消费者的价格敏感心态。

越受限制就越渴望得到的"心理抗拒"反应

此外还存在许多通过提高商品价值来促进销售量的方法。例如，在一些会员制餐厅和高级料理店的门口会悬挂"谢绝生客"的牌子，或者某些店前大排长龙的人气餐厅推行"限量20份"的规定。这些都应用了一种被称为"心理抗拒"的心理学理论。

 词语解释

松竹梅法则

该法则属于行为经济学的理论范畴，具体是指如果将类似产品以三种不同的价格出售的话，那么大多数消费者会选择中间价格（竹档）的产品。

心理抗拒

在被强制、被说服、被剥夺自由之后出现的抗拒心理。比如，当被要求认真学习时反而更加不想学习。

对该理论做出解释的是社会心理学家**布瑞姆**。他认为，人一旦受到限制或强制就会产生抗拒心理。任何人在儿童时代都曾偷着玩一些父母禁止的游戏，或者偷吃那些被告知不能吃的零食。这就是心理抗拒反应。

某些商品一旦做出"谢绝生客"和"限量20份"等限制，可以让店铺和商品看起来更有魅力，更能够激发顾客们的兴趣。

从众效应催生出热门商品

人气博主推荐的商品会销量暴涨，好评较多的商店门口排起了长队……把握消费者的行为规律对于制定销售战略而言是

会让人无意识间产生兴趣的店铺

一旦被限制，人们就会无意识地产生兴趣

布瑞姆
1928—2009年。美国社会心理学家。主要研究方向是对感情过程的理解。

不可或缺的。此处的关键词是"从众效应"。人们会对别人给予高度评价的东西产生兴趣，进而衍生出购买、使用或品尝同一商品的欲望。如果将这种心理运用到产品的宣传和营销之中，那么就有可能催生出热门商品。

在当代社会，引领潮流的人被称为"影响者"。一旦拥有社会影响力和号召力的人物夸赞某家店的食物非常美味，那么接收到该信息的人们就会在从众效应的影响下在店铺的门口排起长队。

通过名牌商品提升自身价值

在思考产品开发、宣传和营销时要注重品牌建设，这是重要的商业理论之一。接下来让我们重新思考一下为什么消费者会被名牌商品所吸引。

一般来说，名牌商品普遍具有出色设计和高级品质。这被称为"首要价值"。很多人会被它的魅力所吸引并渴望拥有它，而且在获得它之后会得到极大的满足。

因购买名牌而产生的情感之中还包含了一种叫作"二次价值"的心理反应。这是一种通过购买、穿戴或使用名牌产品的

 词语解释

影响者
指能够刺激他人购买欲望的有影响力的人。
在当代社会，许多具有发言权以及号召力的
名人、演员、模特会通过网络社交平台等媒
介来充当该角色。

行为来向外界展示自己高品位的社会价值心理。

这被称为"沉浸荣耀效应"，是品牌建立时需要重点思考的内容。企业在展示商品初级价值的同时，也要注意提升商品所包含的二次价值。

名牌商品的价值

出色设计　高级品质

自尊心↑↑
社会价值↑↑

初级价值
▶商品本身所包含的价值

二次价值
▶使用该商品所产生的社会价值

沉浸荣耀效应
人们通过购买高价值商品来强调自己与名人或杰出人物之间的联系性，从而提高自身社会价值的行为。

销售行为中的心理学

概 述

刺激顾客消费欲望，
提高商品销售量

调整小承诺与大承诺之间的偏差

在交易场合中，运用心理学知识展开交谈能够激发顾客的购买欲。

其中，代表性技巧之一就是前文中介绍的"循序渐进法"，它可以应用于销售谈判之中。在大小承诺之间有一种**"认知一致性原理"**在发挥作用。卖家利用这个原理就可以促使顾客决定购买商品。例如，在最开始进行推销之时要对顾客说一句"请允许我介绍一下新产品，不会耽误您太多的时间"。此时的顾客会倾向于做出一个"小承诺"，即听你讲完

 词语解释

认知一致性原理
当行动或思考出现矛盾时会令人感到不快，想要恢复到
前后一致状态的心理。

对产品的介绍。

接下来就要朝着本来的目的——买卖交涉更进一步了，但顾客此时就会对是否做出"大承诺（购买该商品）"而犹豫不决。由此就出现了认知一致性原理。人在做出"小承诺"之后不做"大承诺"的话，就会出现**认知失调**，因此会倾向于选择做出"大承诺"。在这种心理作用下，顾客最终会决定购买商品。

拒绝大请求后产生的罪恶感会激发购买欲

与上一节相同，前文中介绍的"以退为进法"也可以运用在销售谈话之中。这个技巧主要是利用了人们在拒绝他人之后产生的罪恶感来促使其购买商品。首先，卖家要提出一个肯定会被拒绝的"大请求"。例如，把某件商品的售价定为50万日元。如果客人在看到这个金额之后面露难色的话，那么就提出一个"小请求"，如把金额改为30万日元。顾客在拒绝"大请求"之后会产生负罪感，而卖家可以趁此机会提出对方可以接受的"小请求"。

认知失调

该理论由美国心理学家费斯汀格提出。当个体的思想与行动之间出现矛盾时，就会产生认知不和谐的状态并会导致心理紧张，即认知失调。个体为了消除紧张会通过改变旧认知、增加新认知、改变认知的相对重要性、改变行为等方法来力图重新恢复平衡。

以低价说服对方后再提高价格

上一页介绍的认知一致性原理也被称为"**低球技巧**"。具体做法是一开始提出低价来刺激顾客的购买欲，在得到购买承诺后再提高价格。假设你决定购买一辆价值200万日元的汽车，之后在销售员的推荐下将更多便利功能纳入考虑范围之内，最终就会选择购买一辆250万日元的汽车。虽然在这一过程中你会有些许犹豫，但大部分情况下还是会选择购买价格较高的汽车。

这种即使卖家提高售价也不取消购买的行为就是认知一致性原理的体现。因为买家在改变最初的购买意志后会产生罪恶感，因此大概率就会购买250万日元的汽车。

如果卖家在销售活动中应用这种心理学技巧的话就可以提高销售额。然而，如果因为抬高价格而让顾客产生不信任感的话，那么就会适得其反。在运用心理技巧的同时，以诚实的态度做生意十分重要。

可灵活应用于商品推广的心理学知识

在作为销售的一环的商品推广过程中也可以灵活运用各种各

 词语解释

低球技巧

原意指先向对方抛出一个好接的低球，对方由此产生兴趣后就会继续玩下去。该理论应用于商务活动中，就是首先提出对方容易接受的较低条件，在得到对方同意之后再提出较高条件。

样的心理学知识。除了利用上文中所介绍的互惠原则和心理抗拒等心理学知识，还有许多利用消费者心理来促进销售的技巧。

例如，在关于健康食品和营养品的广告上附加医生和营养师的推荐就可以提升销售量。这种宣传方式利用了人们容易服从权威人物的这一心理。

除此之外，卖家还可以通过高定价等负面信息来突显产品的高质量。这种宣传方式被称为"双面提示"，即通过刻意传达正负两方面的信息来提高顾客对产品的信任度。

与顾客交涉沟通的技巧

▶因为拒绝了大请求，所以会更容易接受小请求

▶因为推翻最初的购买意向会产生罪恶感，即使价格上涨也会选择继续购买

权威

由较高地位或先进知识技术等因素所衍生出的社会影响力。

双面提示

在介绍商品的时候同时提出"耐用"的优点和"保养麻烦"的缺点，以此提高顾客对商品的信任度。

促使谈判朝着有利方向推进

接下来，我将为大家讲解一些在与客户谈判时可以灵活运用的心理学知识。

比如，我们可以利用先发制人的方式来促使谈判朝着有利方向推进。如果你能抢在对方之前表明己方要求的话，那么就可以在谈判中**抢占先机**。究其原因，是因为最先在谈判桌上提出的要求会成为交易的基准价。例如，假设我们想以30万日元的价格出售商品，但是对方却想以20万日元的价格购买，那么，我们就可以在谈判桌上首先提出以40万日元价格出售的要求。如此一来，这笔交易的基准价是40万日元，而对方就会犹豫要不要将购买价格下调至20万日元，因此最终极有可能会以中间值30万日元来完成谈判目的。

美国西北大学的**加林斯基**对此进行了调查。在一项关于企业和新员工之间奖金谈判的研究中发现，在企业之前先提出期待的员工会比在企业之后提出期待的员工更能够获得较高奖金。

这种先发制人的方式未必一定会取得成功。但是，即使最终结果顺应了对方的要求，我们也可以通过先提出己方要求再认可对方要求的方式使得自己处于有利地位。

 词语解释

抢占先机
通过率先发言或展开行动来获得较对方有利的地位，也可译为"掌握主动权"。

加林斯基
美国社会心理学家。哥伦比亚大学商学院教授。在普林斯顿大学获得博士学位。

发表意见时要先发制人

当你感觉对方很难同意支付50万日元奖金的时候

己方未抢占先机

奖金30万日元

我希望最少获得40万日元奖金

己方抢占先机

我希望获得60万日元奖金

呃……可以降到50万日元吗？

▶先发制人的一方更容易让自己的意见被采纳。即使最终选择了对方的意见，也可以让对方感觉我们已经做出了让步。

尽快处理顾客的不满和投诉意见

在销售过程中难免会遇到顾客提出不满意见或投诉。然而，我们可以通过一些应对方法来避免其发展成为棘手问题。一旦发现客户有不满情绪，就需要尽快进行沟通。不然，即使是小不满也会逐渐演变成大投诉。得克萨斯大学的**詹姆斯·彭尼贝克**分析说，49%的人会通过表露消极情绪来获得满足感。因此，最好的办法是将投诉消灭在萌芽状态。

詹姆斯·彭尼贝克

美国心理学家。曾获得美国心理学会奖和帕夫罗夫学会奖，此外，在得克萨斯大学也获得许多教育奖项。另外，他还担任过150多家专业杂志社的特约撰稿人。

心理学可以促进工作进步

概　述

在推进理论结构化和进行客观观
察的同时不断充实灵感和记忆

通过逻辑性思维掌握有条理的思考方式

在工作内容和工作方式日趋多样化的现代社会，我们必须
学会对身边所有的事物进行同步观察。在这种情况下，如果想
让工作更上一层楼，逻辑思考能力是不可或缺的。逻辑思考能
力一般也被称为**逻辑性思维**。具体是指将错综复杂的问题简单
化，然后在把握其结构的基础上找出大多数人都能理解的基本
规律。这里介绍一下逻辑性思维的具体方法。

 词语解释

逻辑性思维

通过语言进行逻辑思考
的能力、条理清晰地思
考事物的能力以及通过
整理分析信息来明晰复
杂事物的能力。

金字塔结构

金字塔结构是金字塔原理的具体体现，即我们在进行问题分析
时，会把分析对象拆分细化为众多要素。任何事情都可以归纳出
一个中心论点，中心论点可由若干个一级论据来支撑。一级论据
又可作为论点被若干个二级论据来支撑。以此类推延伸下去，其
形状便如同金字塔一般，故称之为"金字塔结构"。

理解金字塔结构和MECE原则

"金字塔结构"是可以在商业活动中灵活运用的思维方法之一。具体是指将一个课题的理由和结果按照金字塔的层次进行排列，以便于从结构上对其进行把握理解。该理论除了作为个人思维方法被灵活运用，还可以应用于演讲和会议等多种场合。此时，我们就需要同时运用"MECE原则"。该原则又被称为"互相独立、完全穷尽原则"是指要保证无遗漏且无重复地列举相关理由和依据。这是一种有效处理大量数据的技巧。

金字塔结构思维法

▶将复杂课题置于顶端，然后将理由和结果细分为各要素并依次进行排列，以进行结构化分析

MECE原则

"MECE"是"Mutually Exclusive Collectively Exhaustive"一词的缩略语，中文意思是"相互独立，完全穷尽"。它是麦肯锡的第一个女咨询顾问巴巴拉·明托在"金字塔原理"中提出的一个重要的原则，即面对一个重大议题时，要做到不重叠、不遗漏地分类，而且能够借此有效把握问题的核心，并找到解决问题的方法。因此，"相互独立"意味着问题的细分均处于同一维度上且不重叠，而"完全穷尽"则意味着全面和周密。

客观看待问题的元认知

除了上一页介绍的金字塔结构和MECE原则之外，我们还可以运用由心理学家布朗和弗拉维尔提出的"**元认知**"心理技巧。

它是指对于目前工作和行动中出现的问题和认知偏差要退一步进行客观观察，并通过监控和调节来寻求解决方案。一旦遇到过于复杂且找不到解决头绪的问题，我们就非常容易陷入漩涡之中无法脱身。然而，越是在这种时候就越需要保持冷静。解决问题的关键在于要跳出漩涡来俯瞰问题并客观地分析其结构。

通过"乔哈里资讯窗"来客观地审视自己

如果想提升自己，既需要客观地看待商业问题也必须客观地看待自己。自己对于自身性格的认知同他人眼中的自己必定存在偏差。比如，你自认为是大大咧咧的性格却被别人说成是"谨慎派"，那么你肯定会感到意外吧？针对这一现象，美国心理学家**乔瑟夫·勒夫和哈里·英格拉姆**共同建立了一种沟通模型，学术界用两位学者的名字组合在一起将该模型命名

 词语解释

元认知
通过客观视角来认识自身现在的想法和行动。

乔瑟夫·勒夫和哈里·英格拉姆
两者均为美国旧金山州立大学心理学家。他们共同提出的"乔哈里资讯窗"就是用两人的名字组合来命名的。

为"乔哈里资讯窗"。"乔哈里资讯窗"是通过自我认知和他人意见反馈等方式来达到了解自身的目的，主要分为以下四个领域。

　　这四个领域也会对自己与他人的交流方式产生影响。为了顺利地进行交流，我们需要扩大"公开区"并缩小"隐藏区"。当我们把自己的想法、经验和兴趣等自身情况公开展示给对方

乔哈里资讯窗

公开区	盲目区
自身与他人都了解的一面	自身不了解，但他人却了解的一面
隐藏区	未知区
自身了解，但他人却不了解的一面	自身和他人都不了解的一面

▶通过扩大"开放区"和缩小"隐藏区"来促使沟通更加顺畅

乔哈里资讯窗

指由乔瑟夫·勒夫和哈里·英格拉姆共同提出的一种沟通模型。其主要用来分析以及训练个人发展的自我意识，增强信息沟通、人际关系、团队发展、组织动力以及组织间关系。

的时候，他们就会从中感受到善意。

另外，"盲目区"和"未知区"是需要别人来探索的区域。如果想在事业中更上一层楼的话，就必须借助他人的力量来促使自身获得成长。

灵光乍现是天赐？——顿悟之谜

在解决问题或制订计划时，灵光乍现有时会带来巨大的成果。心理学家科勒对此曾以黑猩猩作为对象进行过实验。黑猩猩想用短木棒来获取笼子外的香蕉但却始终无法够到，它在经过数次失败后忽然学会了用长木棒来够取香蕉。像这种解决问题的方法突然闪现在脑海之中的现象在黑猩猩身上也存在，科勒将其称为"洞察"。心理学家布勒将这种灵感命名为"顿悟"。另外，心理学家瓦拉斯认为灵光一闪的创造性思维分为准备期、酝酿期、豁朗期和验证期四个阶段。他得出的结论是灵感并不是突然产生的，而是知识积累与实践应用相结合而引发的。因此，我们不能只等待着灵感的闪现，而应该更注重日常的学习和实践。

 词语解释

顿悟

指通过领悟明了和发现目标与手段之间的联系来解决问题的思维过程。例如，牛顿看到苹果掉落而发现万有引力的经历就属于顿悟。这在脑科学领域也备受关注。

记忆法

记忆事物的技巧。例如，与场所联系起来进行记忆的"场所法"以及将想要记忆的事情与双手手指联系起来的"双手指法"等。

改善记忆能力，提升技能和速度

虽然现在越来越依托电脑和智能手机进行数据管理，但人的记忆能力仍然是不可替代的。因此，掌握"分组记忆法""故事法"等心理学**记忆法**是百利而无一害的。

"分组记忆法"是将想要记住的信息划分为**神奇数字**7±2个信息块来进行记忆的方法。换言之，就是将信息整合成5~9个版块来实现短期记忆。"故事法"是编造一个故事并将想要记住的内容包含于其中。这种方法对心理学和脑科学的表象记忆理论发展起到了促进作用。所谓"**情景记忆法**"就是将经历的事情与当时的各种附带信息联系起来进行记忆的方法。

如果我们能够依靠自己的大脑来记录信息而非依赖设备的话，那么就会大大提升工作技能和速度。

神奇数字

在认知心理学中，人能够瞬间记住的数量是7±2。换言之，一次性能记住的事情只有5~9个。

情景记忆法

将经历过的事情与当时的各种附带信息联系起来进行记忆的方法。其中，当时的环境、时间、对象、感情、身体状态等都是附带信息。

双胞胎的内心世界是一样的吗？

从外表上看，具有不同遗传基因信息的异卵双胞胎可能不太相似，但具有相同遗传基因信息的同卵双胞胎却非常相似。然而，长相相似的双胞胎为何有时会在性格上存在较大差异呢？

其实，在性格研究方面，很早以前就经常有研究者对双胞胎进行调查。因为以前的研究者们也会对外表相似但个性不同的两个人产生浓厚的兴趣。

研究人员调查了同卵双胞胎和异卵双胞胎的性格，发现无论是一起长大还是出生后分开，他们都会同时拥有"温柔""善良"等基本性格。这种性格受遗传因素的影响更大。

相反，与在相同环境下长大的双胞胎相比，在不同环境下

双胞胎

长大的双胞胎在智力、交往能力、性格特征上有更多的相似之处。

一个可能性较大的猜测是，如果身边有一个和自己长得一模一样的人，那么自己就会为了彰显自我而刻意强调个性。久而久之，双方不断主张自我独特性的结果就是产生性格上的差异。另外，双胞胎中的双方会因为出生时间的差异而被贴上"哥哥""姐姐""弟弟"或"妹妹"等标签。这种境遇可能会导致双方都被培养出对应自身辈分的兄弟姐妹意识。

换言之，双胞胎离得越远，他们的内心和外表就越相似；离得越近，内心和外表差异就会越大。这的确令人感到不可思议。

为何出现恋爱情感?

概　述

[一见钟情和移情别恋都是本能，
皆可用心理学知识进行解释]

出现恋爱情感的四大原因

本章节主要研究恋爱中的心理学。首先要思考的是人在什么情况下会产生恋爱情感。心理学上公认的原因有以下4个。

①环境因素……在多次见面的过程中产生好感。

②生理觉醒……在感觉恐惧或不安时会产生亲和欲望。

③个人特质……喜欢对方的外貌、性格或能力等。

④相似性……想法、成长环境和兴趣爱好等方面相似。

这些因素导致人们对他人产生吸引力，心理学称之为"人际魅力"。

 词语解释

亲和欲望

不断与站在自己一边的人、和自己相似的人或喜欢自己的人拉近距离或进行合作，甚至于产生爱情。该定义是由心理学家H. 墨瑞提出的。

人际魅力

指人对他人所持的肯定或否定的态度。主要体现在喜欢、讨厌、渴望接近和避之不及等感情或行动上。

选择与自己相貌相当的恋爱对象——配对假说

纵观世界上的夫妇和情侣,会发现他们不但在气质涵养方面有**相似性**,而且在穿衣风格和生活方式上也拥有许多共同之处。心理学家马斯丁曾经针对这一现象进行了验证。他给受试者展示了99对情侣的照片并让他们对相貌般配的照片和相貌不般配的照片进行打分。结果显示,受试者认为相配的照片有60组,不相配的照片有39组。

由此可知,相貌姣好的人大多会被相貌英俊的对象所吸引,而相貌平平的人则会被相貌普通的对象所吸引。马斯丁将其命名为"**配对假说**",并指出人们选择的伴侣应该是与自身魅力相匹配的人。当然,世界上也存在一些相貌不匹配的情侣。因为判断对方的魅力不能只依靠长相,还包括性格、能力、地位、经济实力等。

马斯洛的需求层次学说与恋爱情感的表达

接下来,让我们进一步揭秘人们心中产生恋爱情感的原

相似性
指外形或个性相似。

配对假说
指人们倾向于选择与自身魅力相匹配的人作为伴侣的假说。

因。美国心理学家**亚伯拉罕·马斯洛**曾经提出需求层次学说来阐明这一点。马斯洛在该学说中将人的需求分为**五个阶段**。

①**生理需求**

食物、水分、空气、睡眠、性的需要等。

②**安全需求**

保障自身安全和稳定的需要等。

③**社会需求**

渴望得到家庭、团体、朋友、同事等其他人的关怀、爱护和理解，是对友情、信任、温暖、爱情等的需要。

④**尊重需求**

希望个人能力、成就和社会地位得到认可。

⑤**自我实现需求**

最大程度发挥个人能力，实现个人理想抱负的需要。

马斯洛针对这五个阶段的理论提出了"人是为了自我实现而不断成长的动物"这一假说。当第一阶段的生理需求得到满足后，就会转移到第二阶段的安全需求。在安全需求得到保障后，

 词语解释

亚伯拉罕·马斯洛

1908—1970年。美国心理学家，主要对自我实现和创造性等进行研究。

五个阶段

亚伯拉罕·马斯洛提出的自我实现理论。其中，阶段一、二是生理需求，阶段三、四是心理需求。满足上述需求后，就会衍生出第五阶段的发展需求。

就会转移到第三阶段的社会需求，然后又再进入尊重需求和自我实现需求阶段。

　　由此可知，人在满足了生理需求和安全需求这两种最基本的生存需求之后，就会发展出第三阶段的社会需求而产生恋爱情感。总之，喜欢一个人的心情和恋爱情感是出于个人本能的。

　　我们爱上一个人之后可能会经历各种痛苦，尽管如此，我们仍然不会放弃对于爱情的追逐，这种心理机制也是一种本能。或许人的一生都无法摆脱这种感情需求。

恋爱是出于本能的

①生理需求　　③社会需求　　⑤自我实现需求

②安全需求　　④尊重需求

▶在满足①和②两种需求后会自然而然地产生恋爱需求

尊重需求

亚伯拉罕·马斯洛需求层次学说中的第四个阶段，主要是指希望获得他人认可和尊重的欲望。尊重需求得到满足后能使人对自己充满信心，对社会满腔热情，感受到自己活着的用处和价值，否则就会产生自卑感、无力感。

自我实现需求

亚伯拉罕·马斯洛需求层次学说的第五个阶段，主要是指个人通过充分发挥自身潜力来使自己成为自己想成为的那种人。它也包括对可能性的探索和对创造性的发挥。

证明外在魅力的法国实验

接下来，我们要对恋爱中的移情别恋现象进行分析。我们之所以会对初次见面的人抱有好感，主要是受到对其外表第一印象的影响。人们会不可避免地被俊男美女所吸引，就连心理学也指出有些人可以通过**外在魅力**来获得极高评价。在法国曾经进行过这样一项实验。实验组织者向400名男性面试官展示了附有280名女性照片的简历，并让他们想象女性的内心世界。结果，男性面试官们普遍对长相漂亮的女性给予了"性格肯定也很棒"之类的高度评价。据说漂亮女性获得高评价的概率是普通女性的7倍。

俊男美女容易吃亏?

他们的性格一定很好!

人们总会被俊男美女的外表所吸引，从而会对他们产生更高的期待值。

▶ 一旦俊男美女们没有达到人们的心理预期，反而会比普通人更容易受到较低评价

 词语解释

外在魅力
指外表上的美丽、可爱和帅气等。

心意逐渐冷淡的损耗效应和愈发产生好感的增益效应

　　基于第一印象而给予对方高度评价的行为被称为"光环效应"。虽然光环效应也有可能会对恋爱情感产生一定的积极影响，但维持的时间并不长。因为在持续交往的过程中，光环效应的作用会逐渐减弱。

　　遗憾的是，第一印象中的光环效应越突出，我们就越会在意对方的小缺点且会对其细微言行产生厌恶感，以至于对对方的评价也会大幅下降。这种心理变化在心理学上被称为"**损耗效应**"。

　　如果第一印象的光环效应不明显，那么我们就会逐渐发现对方好的一面并逐步提升对对方的评价。这被称为"**增益效应**"，其结果与损耗效应完全相反。因此，即使我们对自己的外表缺乏自信，也可以以此为契机来利用增益效应不断提升印象。

　　如果你在恋爱中发现对方突然变得冷淡，那么就需要客观地判断是否发生了损耗效应。此时再追问冷淡的原因也是于事无补了。这时人们就会为了不让自己的心灵受到更大的伤害而进行防御，这也是心理学的作用之一。

损耗效应

受光环效应影响而给予对方很高评价的情况下，会因为细微消极之事而好感破灭或者对对方的印象变差，从而逐渐降低对对方的评价。

增益效应

受光环效应影响而给予对方较低评价的情况下，会因为细微积极之事而产生好感或者对对方的印象转好，从而逐渐提升对对方的评价。

如何让在意的人关注自己？

概　述

> 向对方展示自身的风采，
> 以打动人心的方式进行沟通

通过反复接触来加深好感的"曝光效应"

如果你想让在意的人关注到自己，那么可以灵活地运用社会心理学家**罗伯特·扎荣茨**提出的"**曝光效应**"。扎荣茨通过实验证明，人们在反复接触的过程中会适当放松警戒心理，从而促使彼此间的好感度增加。他在实验中向受试者展示了一系列照片并保证每一位受试者都不认识照片中的任何一个人。不同照片的展示频率依次为0次、1次、2次、5次、10次、25次，之后请受试者们描述他们对所有照片的喜爱程度。结果发现，照片出现频率愈高的人就愈容易被喜欢。换言之，受试者

 词语解释

罗伯特·扎荣茨
1923—2008年。他主要从事关于社会和认知的心理学探究。

曝光效应
好感度随着接触次数的增加而不断提升的心理效应。它是由心理学家扎荣茨提出的，因此也被称为"扎荣茨效应"。

是哪个瞬间喜欢上对方的？

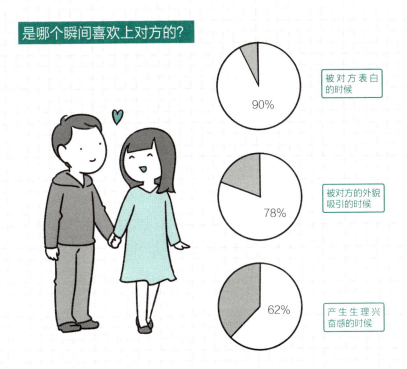

90%　被对方表白的时候

78%　被对方的外貌吸引的时候

62%　产生生理兴奋感的时候

▶先从主动向对方表白开始，有可能取得良好结果

们更喜欢那些看过二十几次的熟悉照片，而不是只看过几次的新鲜照片。

由此可见，如果你希望对方对自己产生兴趣就要增加面对面交流的机会。最初可以先从寒暄和闲聊开始。

通过表露善意来获得对方的好感

前文中介绍的"互惠原则"恰好可以在恋爱过程中发挥作用。当对方向自己流露善意的时候，人们都会报之以善意。美国心理学家阿朗对刚开始交往不久的大学生进行了调查，询问他们是在什么时候对对方产生了恋爱的情感。结果显示，约有90%的人回答说是在了解到对方对自己抱有好感的时候或者在被告白的时候。没有人会因为对方的好意而感到厌烦。因此，我们只有把自身感受直言不讳地表达出来，才能够打开下一扇门。

通过自曝隐私来促使双方关系更为亲密

前文中介绍了互惠原则在自我表露的过程中更能够发挥效果。所谓"自我表露"就是向对方表明自己的想法和私人信息等。

欧文·阿特曼和达尔马斯·泰勒在**"社会渗透理论"**中

 词语解释

社会渗透理论
是指个体之间从表面化的沟通到亲密的沟通而经历的关系发展过程。恋爱关系就是彼此自我表露不断深入渗透的过程。

指出，两人的亲密度会因自我表露程度的增加而不断加深。同时，关系越亲密的双方之间自我表露的信息就越广泛且越深入。

另外，如果能配合营销理论中的"欲擒故纵技巧"来运用该理论的话，那么就能提高自我表露的效果。这是一种用来获得对方信赖的技巧，具体做法是告诉对方你要为他提供一些仅面向他的宝贵信息。比如在恋爱初期阶段，我们可以对对方说"我有件事只想和你商量……"来增加彼此间的亲密感。如此，对方就会感觉你为他/她提供了难能可贵的信息，进而想要建立更加亲密的关系。当你有机会和心仪的对象聊天时，如果只是讨论天气一类的普通话题就太可惜了。此时，我们不妨以"其实……"的句式来表明隐藏在内心之中的真实想法。

对自己帮助过的人产生恋爱情感的奇妙心理

当我们喜欢上一个人的时候就会想要去帮助他，但如果想要吸引对方的感情，则需要请求对方来帮助自己。这正好验证了由**费斯汀格**提出的"认知失调"这一心理学理论，即通

费斯汀格

1919—1989年。他提出的认知失调理论对学术界产生了巨大影响。

吸引对方感情的方法

过让对方施以援手来促使他对自己产生恋爱情感。那么，为
什么会出现这种状况呢？这是因为存在于对方心中的"我无
法帮助我不喜欢的人"和"能够对他/她施以援手的我真是太
厉害了"这两种感情之间产生了矛盾，进而导致了认知失调，
之后对方在努力解决矛盾以及恢复正常心理状态的过程中，
就自然而然地产生"因为我喜欢他/她所以才会帮助他/她"的
想法。

 词语解释

让妄自菲薄的人对自己产生信赖感

如果看到自己喜欢的人情绪低落、萎靡不振，那么就要尝试和他打招呼。

"**自尊理论**"认为，人在工作和日常生活状况好转之时会提升自我评价，但是在工作失败或出现烦恼时则会降低自我评价。那么，处于这两种不同状态的我们会如何看待别人呢？具体而言，当我们自我评价较高的时候就会降低对别人的评价，而当我们自我评价较低的时候则会提升对别人的评价。

由此可见，当喜欢的人烦恼不已或无精打采的时候，我们可以亲切地询问他们发生了什么事情或者告诉他们自己可以提供帮助。通过表达想要帮助对方的心情，可以让对方觉得你是一个有魅力的人。

另外，当人处于不安或忧虑状态之中时会产生亲和欲望，即希望有个能让自己安心的人陪伴左右。

当喜欢的人陷入心灵困境之时，我们要学会灵活运用自尊理论和亲和欲望这两种心理技巧来安抚对方，这样就能让他觉

自尊理论

人在沮丧或烦恼的时候会对对方做出较高评价，进而产生恋爱情感。这是由美国心理学家沃尔斯特所证明的。

得你是一个可以依靠的人。

共享悸动感，刺激恋爱情感

当我们面对中意的对象时会心跳加速，这被认为是由生理兴奋状态所引起的。与此相对，也有一种观点认为当我们出现心跳加速等生理兴奋状态之后，会促使我们对对方产生恋爱情感。这被称为"**情绪归因理论**"。换言之，如果我们能够让对方心跳加速的话，那么他就会将这种生理反应当作动心并大概率会坠入爱河。这就是所谓的"吊桥效应"。心理学家唐纳德·达顿和亚瑟·阿伦进行实验后得出结论是，在摇晃的吊桥上心跳不已的男性中，超过半数的人会对在桥上遇到的女性产生好感。

如果想要和对方建立亲密的关系，建议大家学会分享让人心情激动或深感恐惧的体验。

 词语解释

情绪归因理论

心理学家沙克特等人提出的理论认为，喜怒哀乐等情绪波动的出现需要如下两个因素：一是个体必须体验到高度的生理唤醒，如手心出汗、心率加快等；二是个体必须对生理的变化进行认知性的唤醒。

吊桥效应

摇晃的桥

▶会把由于恐惧所产生的心跳加速当成是对对方的心动

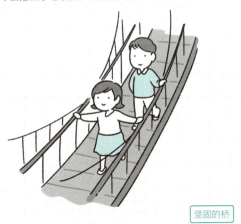

坚固的桥

▶因为没有感觉恐惧,所以也不会出现恋爱情感

吊桥效应

实验组织者让一位漂亮的年轻女士站在桥中央,等待着18~35岁的没有女性同伴的男性过桥,并告诉那些男性希望他能够参与正在进行的一项问卷调查。之后,该女性向作为调查对象的男性提出几个问题并给他留下了联系方式。同时,在另外一座坚固的桥上进行了同样的实验。结果显示,在摇晃的吊桥上接受问卷调查的男性中约有50%与该女性进行电话联系,而在坚固的桥上接受问卷调查的男性只有12%的人联系了该女性。

联谊活动中的心理学

概 述

[在座位和对话等方面领先对手一步]

并排而坐时，对方会更关注座位最靠右的人

在制造恋爱契机的联谊活动中，虽然男女双方进行交流时中间隔着一张桌子，但此时也不能随便选择座位。你要选择一个从心理学角度来讲最具关注度的有利位置。心理学家理**尼斯贝特**和**威尔逊**认为，人的视线倾向于从左向右移动。在观察眼前排列的事物时也会从左向右移动视线，并且对最后所见事物的记忆最为深刻。因此，当对眼前的一排人进行观察的时候也会从左向右移动视线，并对最后一个人产生最深刻的印象。换言之，坐在最右边的人会给对方留下深刻的印象。这种现象被

 词语解释

尼斯贝特	威尔逊
1941年生。美国社会心理学家。以社会认知、文化、社会阶级等方面的研究而闻名。	美国社会心理学家。以研究自我认识、决策和选择过程中深层心理影响而闻名。

称为"**近因效应**"。

相邻座位的人更能加深对彼此的了解

　　如果有机会和喜欢的人进行交谈的话，那么就要注意位置选择。美国心理学家**斯汀泽**认为，人们容易对坐在对面的人产生抵触情绪，而更有可能与坐在自己旁边的人产生共鸣和认同感。因此，如果你渴望享受两人聊天的乐趣，那么最好选择吧台或双人沙发等就座。另外，如果你有机会进行倾诉的话，那么最好选择位于对方90度的位置。这种适用于心理咨询的座位设定是加深彼此理解的最佳位置。

注意座位顺序

群体面谈时

▶坐在心仪对象的最右前方

一对一面谈时

▶坐在旁边而非面对面

近因效应

最后出现的刺激物能够促使最强烈印象形成的心理效果。这一理论是由美国心理学家诺曼·安德森提出的。

斯汀泽

美国心理学家。因提出关于会议座次和发言顺序的"斯汀泽现象"而闻名。

通过有趣或出乎意料的问题来抓住对方的心

如果我们在联谊活动中能够利用心理学技能，那么可以比竞争对手更夺人眼球并让对方产生兴趣。其诀窍是不要始终停留在老套的对话中，而是要适时插入一些让人感到有趣或者意外的问题。心理学家**理查德·怀斯曼**等人用一种叫作"**快速约会**"的方法进行了实验。他召集男女受试者各50人，然后分别给他们3分钟的时间来轮流进行对话。之后，他调查了对话内容和对对方的评价。结果显示，得到最高评价的男性向对方提出了"你觉得自己像哪一位偶像"的问题。在女性中获得最高人气的是提出"如果你把自己比作比萨饼的配料，那会是什么？"这一问题的人。另外，评价较低的是讨论工作一类的陈旧话题或者自吹自擂的人。

实验表明，在联谊活动中抛出让对方感觉愉快的问题来使得对话气氛高涨是非常重要的。对于那些试图在谈论有趣的话题的过程中了解自己的人，你永远不会感到排斥。另外，大家切记千万不要炫耀自己的工作、收入、地位等，因为这最终将导致竹篮打水一场空。

 词语解释

理查德·怀斯曼

1966年— 。英国心理学家。他最早是一名屡获殊荣的专业魔术师，是伦敦魔术圈最年轻的成员之一。他从职业魔术师转行到职业心理学教授并以揭露超自然现象骗局而闻名。

快速约会

男女双方参加者一对一地交谈几分钟，之后再寻找新的交谈对象。最后在所有参加者都彼此进行过交谈的基础上进行匹配并寻找到最合适的恋人。

使用第一人称进行对话是好感的体现

在联谊活动中虽然我们很想了解对方是如何看待自己的，但其实却很难做到。不过，有时对方的细微言行中隐藏着一些暗示。在美国发表的一篇论文中指出，经研究证明如果男性在与女性对话时经常使用**第一人称**的话，那么就意味着他对该女性抱有好感。

如果他经常用第一人称来展开话题讨论，那么多半是为了吸引对方的注意。据说这是无意识地展示自己。相反，如果经常以"我的朋友"等其他主体作为话题的话，那么就表明对方态度不太积极。

同样，如果你在意的女性经常以第一人称的口吻对你说"我知道一家很好吃的店，要不要和我一起去"或者"我的工作很忙……"之类的话，那么也就可以认为她对你抱有好感。

另外，如果女性在进餐的时候吃得较少，那么也可以认为她对你抱有好感。因为心理学实验表明，少吃是有女人味的一种体现，所以很少有女性会在喜欢的男性面前大快朵颐。当然，在自助餐厅里吃得津津有味的女孩子也非常可爱，但这也意味着她把你当作朋友或者完全交心。

第一人称

比如当你没有采用"明天一起去吃饭吧？"的表达方式，而是采用"明天和我一起去吃饭吗？"这一说法的话，那么就意味着你可能想要向对方展示自己。

根据自己和对方的兴趣绘制三角形——平衡理论

如果你想和在联谊活动中认识的人进一步加深关系，那么就需要先了解对方的兴趣爱好。如果对方的喜好和你一致，那么双方的关系就会大概率地朝着好的方向发展。美国心理学家**海德**提出了"**平衡理论**"来表示自己、对方和兴趣三要素之间的平衡。该理论将上述三要素排列成三角形的形状来进行思考。如果双方的关系都是积极的，那么就用+（正）来表示；

把握自己、对方和兴趣的关系

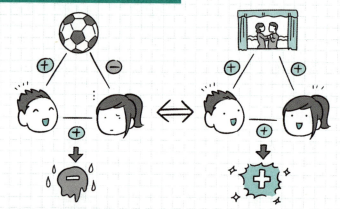

把彼此的关系全部相乘，结果是负　　把彼此的关系全部相乘，结果是正

 词语解释

海德

1896—1988年。奥地利社会心理学家。学习法律学、医学、建筑学，在格拉茨大学获得学位。他的平衡理论、归因理论是后世社会心理学家的研究指南。

平衡理论

3个"＋"或1个"＋"同2个"－"相乘后得到"＋"，这就意味着关系处于平衡稳定的状态。与此相对，2个"＋"同1个"－"的相乘结果是"－"，这就意味着关系处于不稳定状态。

如果是消极的，那么就用 −（负）来表示；如果三者相乘后的结果并非+（正）的话，那就意味着双方的相处并不融洽。

例如，自己喜欢足球但对方不感兴趣，那么对方和足球的关系就是负（消极的）。假设两个人都喜欢看电影，那么用看电影来代替足球之后，所有的关系都变成正（积极的）了。因此，如果我们喜欢对方就要寻找共同的兴趣爱好来创造一个稳定的三角形。

找到共同的兴趣爱好以期获得心理回报

上述内容也可以用"心理回报和心理负担"理论来进行说明。人们除了追求金钱和物质奖励之外，还渴望获得幸福感、充实感、成就感、喜悦感等心理回报。如果一旦感受不到心理回报，那么就会加大心理负担。假设你邀请一位对足球不感兴趣的人去观看足球比赛，那么不但对方无法产生喜悦感，就连你自己也会因为没有获得心理回报而留下心理负担。然而，如果两个人一起去看都感兴趣的电影的话就能够一起获得快乐，而你也就可以同时获得心理回报。这被称为"**社会交换理论**"。共同爱好无需太多，因为两个人关系的深度取决于双方共同享受的程度。

心理负担
感觉无聊或没有动力的心理状态。

社会交换理论
该理论认为人际关系是通过金钱、服务、问候、爱情、回应等要素的相互交换而得以建立的。

长久维持恋爱关系和夫妻关系的诀窍

概 述

努力维持爱情的平衡，
切忌有失偏颇

由亲密、激情和承诺构成的爱情三角理论

即使两个人是因为心意相通而开始恋爱关系的，也会在不知不觉间发生情感上的变化。如何才能够长久地保持恋爱关系和夫妻关系呢？

心理学家**斯滕伯格**将恋爱形式命名为"**爱情三角理论**"。该理论认为爱情是由亲密、激情和**承诺**这三个基本要素组成。亲密是表示两个人的爱情和亲近感深度的感情因素；激情是指生理上性欲望的强烈程度，也是恋爱关系发展的动机因素；承诺是指维持关系的决定因素。

 词语解释

斯滕伯格

1949年生。美国心理学家、心理测量师。任教于耶鲁大学，他的研究方向集中在知性、创造性、智慧这三个主题。

爱情三角理论

斯滕伯格据此提出了圆满之爱、友情之爱、迷恋之爱、空洞之爱、浪漫之爱、伴侣之爱、愚昧之爱和无爱状态这8种爱情类型。

承诺

来源于英文词语"commitment"，是许诺之意。

　　斯滕伯格将这三个要素排列成三角形，并根据三角形的强弱平衡推导出了八种爱情类型。三要素的平衡状态有利于长久地维持恋爱关系或夫妻关系，但这种状态形式并不会持续一生，而会随着岁月、环境等各种因素而变化。很多情况下，关系之所以会破裂是因为对这种变化缺乏了解，但如果双方从一开始就意识到关系会发生变化，那么就会有意识地进行调整以长久地维持关系。

爱情的 8 种类型

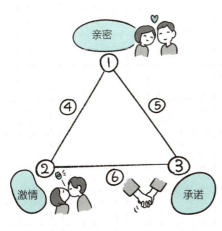

对角线上的要素就是该类型缺少的要素

例：类型①的特征是具有高度亲密性，但激情和承诺这两个要素较弱

　　三要素均强→圆满之爱
　　　　①→友情之爱
　　　　②→迷恋之爱
　　　　③→空洞之爱
　　　　④→浪漫之爱
　　　　⑤→伴侣之爱
　　　　⑥→愚昧之爱
　　三要素均弱→无爱状态

→当三要素均强且达到平衡状态时，双方关系才能够长期维持下去

积极体验必须是消极体验的5倍

感情分歧和吵架等消极体验常发生于情侣之间。如果双方对这些经历置之不理的话，那么大概率就会分手。

心理学家约翰·戈特曼研究婚姻关系多年之后提出了维持良好关系的关键点，那就是积极体验和消极体验的比例应当保持在5：1的水平。简而言之，幸福感、充实感等积极体验的需求量是争吵、不安、不满等消极体验需求量的5倍。

例如，如果临时取消了一次妻子期待已久的晚餐，那么之后就需要进行5次补偿。戈特曼预测如果没有进行补偿，那么离婚概率将会上升。之后，他利用10年的时间对700对夫妇进行了调查来验证自己的假说。结果显示，预测正确率高达94%。

否认对方的行为，只会让关系更加恶化

在关系持续恶化的时候，是怎样的心理在双方之间起作用呢？心理学家布拉德伯里以关系良好的情侣和关系正在破裂的情侣为对象进行了调查，并尝试通过"归因理论"进行解释。具体调查的方法是分别让两类情侣（濒临关系破裂和正常关

 词语解释

消极体验
否定的、消极的或令人讨厌的事情。

约翰·戈特曼
1942年生。美国心理学家。以研究夫妻关系和婚姻生活而闻名。他将离婚原因分为人格批判、蔑视对方、防卫态度、拒绝态度等4种。

系）询问对方，为什么有时不去做自己所请求之事，但为什么有时又会在未被请求的情况下为对方做事。

调查结果显示，濒临关系破裂的情侣对于对方不做自己所请求之事大多持否定态度，认为对方"性格不好""一直都是这个样子""反正也不会做其他的事情"。但对于没有提出请求却做了的事情，他们也会说出一些诸如"只是别人提醒他这样做""只是偶尔做了"或者"反正只是现在做做样子"一类的消极原因猜想。

一旦陷入这种情绪之中，恶性循环就会持续下去。如果想维持良好关系，最重要的是要积极地接受对方的行动。

注定陷入僵局的关系

关系一旦处于恶化状态……

在未被请求的情况下为自己做事	不去做自己所请求之事
· 只是别人提醒他这样去做 · 只是偶尔会这样做 · 只是现在做做样子	· 性格不好 · 一直都是这样子 · 反正也不会做其他的事情

▼
无论如何都会朝着消极方向进行思考

积极体验
肯定的、积极的或给人以正面印象的事情。

归因理论
指分析并说明人们活动因果关系的理论，人们用它来解释、控制和预测相关环境以及随这种环境而出现的行为。心理学家布拉德伯里将这一理论应用于情侣关系研究。

不忠和出轨的原因在于对方不重视自己

关系破裂的最常见原因之一就是不忠和出轨。那么，人们为什么明明知道危险却还是要踏进去呢？心理学上普遍认为，主要原因有如下两个。

一是"**不足原则**"。例如，当你回家后被对方冷落或者在一起后得不到快乐以及性生活被拒绝时都会引发孤独感和不满。因此，人们就渴望通过其他对象来消除这种消极情感。

二是"**自我扩大**"。虽然恋人或妻子认为自己很无聊，但出轨对象却很享受和自己在一起的感觉并把自己当作上司或前辈来尊敬，这些人所追求的是自己被高度评价后的舒适感。

如果想要预防由上述两个理由导致的不忠和出轨等状况的出现，最根本的方法就是让恋人或妻子重视自己。当然，我们不要忘记在获得对方重视的同时也必须要重视对方。

过度的付出会导致双方渐行渐远？——最小关心原理

你花费了大量的时间、金钱和精力来换得对方的开心，但是对方却没有以同样的方式来对待你。然而，沉浸于爱情之中的你仍然将竭尽全力的付出当作爱的表现而不停地付出……这

 词语解释

不足原则
在与伴侣的相处过程中产生的不满之处。

自我扩大
从未注意到的自身魅力得到了他人的赞许，或者经历了从未有过的体验。

种关系在心理学上被称为"**最小关心原理**"。越是强烈感受到爱情的一方就越会全力以赴地付出。在这种关系中，付出方的**自我评价**往往会非常低。如此一来，他就无法发现自身价值和魅力，从而会在恋爱和婚姻生活中产生自我厌恶感。另一方也会因此更加降低对他的评价，甚至有时候会选择与他分手。此时，他为了维系双方的关系就会想付出更多，继而就陷入了恶性循环。

要想摆脱这种恶性循环，根源在于要学会提高自我评价。只有我们足够相信并认可自己，才能够切实提升自身魅力。

爱情不是等价交换

越是付出就越是无法获得相应的爱

▶一厢情愿地期待自己为对方付出多少爱意就会从对方那里获得相应分量的爱，但是结果往往事与愿违

最小关心原理

在恋爱和人际关系中，兴趣和关心较少的一方处于支配和主导地位。与此相对，感情强烈的一方会听从对方的指示并竭尽全力地付出。

自我评价

对自身的评价。自我评价过低就会导致自己缺乏自信，从而变得自卑。

被迫分手时的策略和
重新振作的方法

概 述

坦然地接受对方的分手要求，
痛快地发泄失恋的难过之情

为什么会觉得其他异性比自己的伴侣有魅力？

遗憾的是，恋爱关系不一定会永远持续下去。即使结了婚，多年的感情也会逐渐发生变化。那么，分手的契机究竟是什么呢？

其中之一就是被称为"**羡慕**"的心理活动。当把你现在的伴侣与其他异性进行比较之时，你可能发现其他异性更具魅力。这是因为你非常了解伴侣的内心世界，也清楚地看到了他们的消极方面，因此将会降低对对方的评价。另外，当我们与其他异性相处时，心理学上所说的"光环效应"就会发生作用并促使我们仅凭外表和片面信息便做出夸大评价。

 词语解释

羡慕

形容因喜爱他人具有的某种长处、好处或优越条件等而希望自己也能获得或达到。无法正确地认识到他人与自己是两个相互独立的个体存在也是导致产生羡慕心理的原因之一。

142

客观地说，这种状态是一时的鬼迷心窍。然而对本人来说，这种想要和现有伴侣分手并同其他异性交往的迫切愿望是感情中会遇到的最大问题之一。

压抑挽留的心情，尝试坦然接受分手

当伴侣提出分手时，正确的反应方式应该是怎样的呢？在此，我们需要用前文中也介绍过的"心理抗拒"来进行分析。

我们在无法接受分手的情况下会拼命地挽留对方，但这其实并没有什么效果。越是想留住对方，就越会分开。这是因为对方内心已经产生"心理抗拒"，当想分手却被挽留的时候会对他们形成一种束缚。出于对这种束缚的抵抗，他们反而会加重分手的念头。

此时我们需要先冷静下来，尝试去坦然地接受分手的提议。只有释放了对方的心理压力，才有可能会减弱渴望分手的欲望。

从两种不同的性格来分析重新振作的速度

如果恋爱的结局不遂人意，那么我们该如何重新振作起来呢？心理学表明，不同的性格倾向会导致重新振作的速度有所

束缚
如果怀疑对方不忠而束缚对方的话，就会让对方产生心理抗拒。最终他们有可能会为了追求自由而选择出轨，尽管一开始并没有这个打算。

渴望分手
反向利用心理抗拒原理，故意隐藏对对方的爱意并拒绝对方，就能激起对方的逆反心理并引起对方注意。

不同。

性格分类理论指出，在"**外控型**"和"**内控型**"两种性格中能够迅速振作起来的是前者。因为这些人不会把分手的原因归结到自身，只会认为对方有了其他喜欢的人也是无可奈何之事或者分手是因为时机不合适等。

与此相反，内控型的人则认为问题出在自己身上，比如自己太过任性或者缺乏魅力等。甚至他们还会为过去的言行而后悔不已，这种过度的自责会把自己逼入绝境从而让内心失去平衡。

这种状态有可能会招致**恋爱依赖症**，因此为避免痛苦状态的持续就需要进行一些心理辅导。

寻找分手的原因

外控型

内控型

将原因归于外部环境

将原因归于自身

▼ 能够迅速地重新振作

▼ 总是会陷入烦恼之中

 词语解释

外控型
将事件的原因归于外部环境的人。

内控型
将事件的原因归于自身的人。

恋爱依赖症
缺少恋爱就会惶恐不安或者过度在意对方以至于无法正常生活等症状都是恋爱依赖症的体现。虽然这不是正式的疾病名称，但近年来却作为一个显著问题引起人们的关注。

基于上述分析，我们可以看出外控型性格可能更具优势，因为他们可以迅速地开始下一段恋情。不过这种性格类型的人很难发现自身的消极方面，因此会不断重复导致恋爱失败的错误。

为了不陷入恋爱依赖症而树立自信

经历过严重的分手之后也有可能会患有恋爱依赖症。他们会因为感到不安而不断地寻求恋爱对象，或者即使对对方说的话有不满也会遵从，再或者不期望有所回报地拼命付出。如果你发现了自身存在这种心理状态，就必须要学会客观地审视自己。

容易患上恋爱依赖症的人往往缺乏自信，自我评价也很低。我们不妨从恋爱心理中抽出身来尝试努力提升自己，这样就会萌发自信心并从**依赖**中解放出来。

吐露并分享悲伤之事

我们在上一页中介绍的内控型性格会将恋爱关系破裂的原因归结于自身并产生深深的自责，但是通过号啕大哭的方式来发泄遗憾和失落之感也未尝不可。许多经历过失恋的人发现向可以交心的人吐露痛苦绝非是一件羞耻的事情，而与有相同感

依赖
对某一特定事物过度着迷以至于明明想戒
掉却无法戒掉。比如酒精依赖症等。

受的人分享自身经历也有助于减轻痛苦。

在临床心理学中有一种叫作"会心团体"的心理咨询法。拥有相同痛苦经历的人们用语言互相表达心情以达到**自我洞察**的目的。

基于上述思维，我们会发现为了重新振作起来而去热闹的地方或听欢快的音乐反而会适得其反。此时，选择一个充满寂寥感的观光地去旅游或者听一些伤感的失恋歌曲更适合转换心情，治愈心灵。

把心酸封印在文章里，让它远离自己的内心

与上述方法相反，我们还可以运用另外一种方式重新振作起来，那就是将痛苦的心情封印起来。新加坡国立大学的李舒平进行了一项实验，他让失恋的受试者将自身经历写成文章。受试者被分成两组，一组被要求将文章原封不动地提交给实验组织者，而另一组则需要将文章密封进信封之后再提交。

结果表明，将文章密封进信封的受试者们更能够克服失恋并重新振作起来。将痛苦经历写成文章可以重新审视并整理自己的内心。而封印的方式可以促使自己摆脱痛苦经历。

 词语解释

会心团体
集体心理疗法之一。其目的是让聚集在一起的成员们能够各自吐露心声，加深彼此理解，审视自身成长，建立良好的人际关系。

自我洞察
观察自身行为模式和思考方式，并把握其原因和意义。

　　由该实验可知，果断地丢掉以往收到的礼物并删除社交网络的互动消息也能够有效地帮助失恋者重新振作起来。

如何从失恋中重新振作起来

①不再压抑悲伤

▶聆听伤感音乐或者同他人分享痛苦经历

②果断脱离悲伤

删除

▶删除过往的聊天记录和照片，用文章记录回忆并封印

社交网络

因前任发布的动态而触动情怀或者发表一些暗示失恋的伤感文案都会导致自身沉浸在对以往恋爱的回忆中无法自拔。

如何判断心仪对象
是否在关注自己？

内 心活动是无形的。然而，一个人的行为有时候可以清楚地表明他的内心。例如，当你想要确认心仪对象对自己心怀好感还是表面交往的时候，可以从以下几个方面进行观察。

首先是坐姿。如果对方的膝盖朝向自己或者以前倾的姿势来交流，这多半是他对你抱有好感。这种身体姿势体现出了对谈话内容感兴趣或者想听对方说话的心情。

另外，当很多人围着桌子进行交流的时候，如果你频繁地和对方四目相对，这就说明对方也经常看向你。当多人聚在一起的时候，人们会不自觉地看向最有好感或最感兴趣的人，所以此时很容易就能发现你们是否互有好感。

此外，手部动作也值得注意。实际上，灵巧的双手恰恰能够反映当事人的内心世界。例如，轻松地摊开双手而非紧握双

拳，这就是想要接受对方或理解对方心情的表现。如果特意挪开桌子上的障碍物，那就表明对方渴望从物理上和心理上缩短与你的距离。相反，如果对方触摸脸部或者握紧拳头的话，那就表明对方对你所说的话持有怀疑或戒心。此外，如果对方将双手放在大腿上，那就表明他们没有兴趣与我们交谈。

　　我们能够通过哪怕一个手部动作就能够读出各种各样的内心活动。当然，这样的心理判断也并非绝对。最好的方法是在不断积累对话经验、努力互相理解的基础上再参考上述经验。

内心缺乏动力是提高技能的拦路虎

概 述

只有挑战才能切断
消极的连锁反应

人为什么会陷入消极的恶性循环？

想必许多人都有过这样的经历——越是在需要努力的时刻越无法提起干劲儿。稍有失误就会对自己失去信心或者因为害怕挑战而过度畏缩，最终导致失败局面的反复出现。这就是消极的恶性循环。

一旦这种不顺利的状况长期持续，人就会在**习得性无助感**的影响下停止去做任何事情。另外，他们还会在考虑事情的时候条件反射地给出答案，并在进行**自动思考**的过程中排除一切可能性。一旦陷入恶性循环，自然而然就会产生消极思维。

 词语解释

习得性无助感
是指个体经历了失败和挫折之后，再次面临问题时产生的无能为力、丧失信心的心理状态和行为。

自动思考
是指人们在无意识状态中做出的思考。

消极的恶性循环

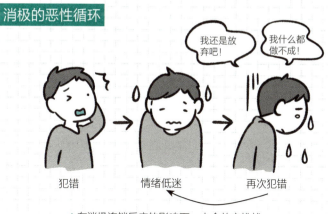

我还是放弃吧！

我什么都做不成！

犯错　　　　　情绪低迷　　　　　再次犯错

▶在消极连锁反应的影响下，人会放弃挑战

成功经历能够提升自我肯定感

陷入消极思维恶性循环的人大多是因为**自我肯定感**较低而缺乏自信，从而导致自我评价降低且失去干劲儿。为了提高自我评价并改善状况，首先我们要停止消极的自动思考。无论面对任何事情都要积极地去思考并接受它。

例如，我们可以首先从确立目标、提出课题开始着手。一旦获得成功，就坦率地接受赞美。另外，更重要的是我们也要认可并表扬自己。

自我肯定感

指关于自我价值的感觉，它是由人们对自身的想法和感受所决定的。具体指个体对自己外在形象、精神面貌、性格特征和行为表现等方面的认可、欣赏和肯定。

上进心是动力的源泉

我们在了解了如何脱离消极循环之后，接下来就要学会打开动力开关。从心理学角度来看，打开动力开关指的是赋予**动机**。这种动机可以分为以下几种类型：一、满足食欲或睡眠欲等需求的"生理动机"；二、探究自我内心和上进心的"内在动机"；三、以"奖励+惩罚"模式（例如，销售业绩提高就给予奖金，下降就施以惩罚）为代表的"外在动机"等。

那么，如何才能够打开动力开关呢？关键在于要能够启动内在动机，让自己满怀兴趣和上进心地去面对工作。一旦陷入消极思维之中，就极容易倾向于通过"奖励+惩罚"模式等外在动机来解决问题。然而，实践证明这种外在动机虽然能够暂时奏效，却无法长期维持下去。

通过宣布目标达成来激发自身动力

然而，我们也会经常遇到明明知道该如何去做却始终提不起干劲儿的情况。对此，我建议大家采用"**自我肯定法**"。例如，在社交网络或公众面前宣布自己的目标（公开承诺），然后尽最大的努力来确保自己的宣言不会成为谎言。这是一种

 词语解释

动机

想要知晓或理解某件事情的心理倾向或内部动力。在商界中多用"赋予动机"一词，表示朝着某个目标而行动的内在动力。

自我肯定法

来源于英文词语"affirmation"，表示肯定、确定或断定之意。在心理学上是指对自己的肯定宣言。简单来说，就是一种"积极的口头禅"。

如何在工作中充满动力？

自我肯定法

宣布目标

▶倒逼自己

蔡格尼克效应

故意中断正在进行中的工作

▶为了完成而必须努力

置之死地而后生的方法。其实，自言自语地宣布目标也有效果，想要立刻奏效的人不妨一试。

对于那些没有勇气宣布目标的人和已经着手去做的人，我建议灵活地运用"**蔡格尼克效应**"。具体方法是故意中断正在进行中的工作，争取利用为了完成工作而努力的心理来使得自己从未完工作的紧张感中解放出来。

合抱之木，生于毫末

为了提高工作积极性而设定的目标定额必须处于能够完成

蔡格尼克效应

德国心理学家蔡格尼克提出的一种心理学现象，是指人们对于尚未处理完的事情和中断的事情比已处理完成的事情印象更加深刻。

的水平区间。因为目标一旦过高的话就会使人缺乏干劲儿。就减肥而言，即便你设定了一个较高的 结果期待（每天运动2小时，那么1年能够减肥20公斤），但只要 效能期待（每天运动2小时，应该能够坚持1年）较低的话，那么仍然会难以付诸行动。要想拿出干劲儿就必须具有敢于回应效能期待的自信心，而如果要想提高自信心（自我努力感）就需要不断地积累成功经验。重要的是切忌毫无准备地挑战大目标，而是要循序渐进地完成小目标和简单课题。

如何才能够达成目标？

▶通过不断积累达成小目标的经验来激发干劲儿，体验成功的喜悦感

 词语解释

结果期待
指人对自己的某一行为会导致某一结果的期待。这一概念是由心理学家阿尔伯特·班杜拉提出的。

效能期待
是指人对自己能够进行某一行为的实施能力的推测或判断，是个人对自己能否顺利地进行某种行为以产生一定结果的自信。

消极思维亦可转为积极要素

尽管积极思维一直给人以成功印象，但某项实验表明有自信的人和缺乏自信的人在性格和对体验结果的接受方式上存在差异。

人在幻想成功的时候脑内就会分泌**多巴胺**，这样一来即使什么都不做也会觉得很充实。因此，他们从不会把数次的失败放在心上，但同时也会失去为目标而努力的欲望。最终，就连那些需要努力的人也失去了干劲儿。

与此相对，具有消极思维的人会经常设想出最坏的情况，所以即使真实发生了这种情况也不会动摇并能够冷静地应对。当然，这种思维方式也有一定的负面影响，比如会因为害怕失败而不敢行动或者因为犯错而不敢继续前进等。然而，具有消极思维的人却也可以通过探索自身问题并加以改善来实现自我成长。

基于上述原因，希望大家能够理解消极思维的积极作用。为了达成目标并摆脱恶性循环，重要的是不能偏向积极思维或消极思维中的任何一方，而是要吸取各自的优点以平衡激发自己的干劲儿。

多巴胺

神经递质之一。它通过新陈代谢后转变成对于生命活动极为重要的去甲肾上腺素和肾上腺素。它对脑神经元的兴奋传达是必不可少的。

最大幸福原则

概　述

努力和幸福的积累会
产生稳定的幸福感

为了获得幸福感要主动采取行动

心理学家**索尼娅·柳博米尔斯基**和**肯农·谢尔登**进行的实验表明，人感到幸福的原因主要包括"遗传因素""环境因素"和"个体行为"三类。

遗传因素是指天生能够感受幸福的程度，这是一生都无法改变的设定值。人类50%的幸福感由遗传基因决定，这些也是无法通过个人努力来改变的。

环境因素是指已婚或未婚、富裕或贫穷、健康或疾病、有无信仰等与生活环境整体相关的因素。这实际上决定了10%左右的幸福感。这是因为即使人们从环境因素中获得幸福

 词语解释

索尼娅·柳博米尔斯基
加州大学河滨分校心理学家。积极心理学实证研究的第一人。她认为为了获得幸福而进行的各种行为活动反而会成为阻碍幸福的因素。

肯农·谢尔登
密苏里大学心理学家，因提出"以牙还牙策略"而闻名。该策略具体指以合作开局，而下一回合是否选择合作则要看上一回合中对方是否合作。若对方在上一回选择背叛，那么此回合我方亦背叛；若对方上一回选择合作，那么此回合仍继续合作。

决定幸福的三要素

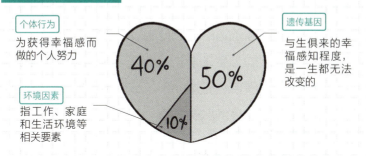

个体行为
为获得幸福感而
做的个人努力

遗传基因
与生俱来的幸
福感知程度，
是一生都无法
改变的

40%

50%

环境因素
指工作、家庭
和生活环境等
相关要素

10%

感，也会很快适应环境并习惯于变化（**快乐的习惯化**）。

剩下40%的幸福感是由个人日常思维和行为来决定的。一个人通过改变工作内容或培养新的兴趣爱好等方式来有意识地为了获得幸福而努力，这就会成为一种正面刺激并促使幸福感持续很久。换言之，要想通过环境因素来提高幸福感就必须定期改变环境，只是这并非是一件容易的事情。因此，我们首先不妨根据自己的性格和价值观来有意识地挑战新事物。只要稍加努力，就能够维持幸福感。

关注研究幸福感的积极心理学

在思考幸福感的时候绝对离不开"积极心理学"。它是由美国心理学家**马丁·塞利格曼**创立的。与传统心理学主要研究

快乐的习惯化

快乐是幸福感的重要来源之一。每天体会由快乐所带来的幸福感会形成习惯并逐渐感觉乏味。

马丁·塞利格曼

出生于美国的心理学家。宾夕法尼亚大学研究生院教授。1998年提出积极心理学并作为创立者之一而广为人知。

人的消极方面不同，积极心理学以幸福感、人际关系等积极方面为研究主题。

提倡积极心理学的<u>迪纳</u>博士认为，幸福感不仅由自己现在所拥有的东西（地位和金钱等）来决定，而且还取决于自己与所期望事物之间的关系。另外，每个人对幸福的定义也各不相同，它主要取决于个体的思维方式、价值观和行为特点。

切实提高幸福感的五个关键词

那么该如何才能够提高幸福感呢？根据积极心理学观点，总结出如下5个关键词。

①和善待人

除了朋友和熟人以外，我们还要学会亲切友好地善待陌生人。当他们对我们的善意表示感谢的时候，自身的幸福感就会大幅提升。

②扶持陪伴

身边有家人和朋友陪伴时要比独处时更能够让人有幸福感。

③淡泊明志

与他人争长短或者只想着自己没有的东西，会让人越来越痛苦。

 词语解释

迪纳

美国伊利诺伊大学名誉教授、心理学家。研究幸福指数的第一人。他开发了一种"主观幸福感量表"，通过5个问题来测定主观感受的幸福度。

④心怀感恩

就寝前回顾当天快乐的事并心怀感激，那么就可以满怀幸福感入睡，而且还有利于每天早上都能够以美好心情开始新的一天。塞利格曼认为，在一天结束时写出当天发生的三件好事对于提升幸福感而言更加有效。

⑤追求梦想

为了实现自身理想而努力拼搏的话，那么每天都会过得非常幸福。

请大家牢记，上述五大关键词都是可以在日常生活中加以实践练习的内容。在不停的积累过程中，我们就会自然而然地获得幸福感。

金钱为人所用才有意义

获得幸福必然需要拼搏。然而，一味地只考虑自身或者同他人攀比实际上是无法让我们产生幸福感的。心理学家**伊莉莎白·邓恩和迈克尔·诺顿**在2008年进行的实验中验证了这一点。他们以为自己花钱和为他人花钱的不同感受为主题对600多名受试者进行了调查，结果显示为他人花更多的钱会让自己感觉更加幸福，而为自己花更多的钱则对自身幸福感没有产生

伊莉莎白·邓恩

加拿大不列颠哥伦比亚大学心理学家。与哈佛大学迈克尔·诺顿教授合著《花钱带来的幸福感》。

迈克尔·诺顿

哈佛大学经营行为学教授。他与加拿大不列颠哥伦比亚大学的伊莉莎白·邓恩共同对金钱能否买到幸福这一课题进行研究。

太大影响。

　　人们通常认为有能力为他人花钱的人天生就是快乐的，因为与别人分享财富不但能够感受到为他人付出的满足感，而且还能够让自己关注到对方的存在并加以尊重。这也有利于保证交流顺畅并建立新的人际关系。

对周围人评价很低是焦虑的体现

　　即使我们尝试通过提升干劲儿和幸福感等方式来进行改善，但实际上仍然很难判断自身思维是否真正变得积极起来。因此，个人的不满情绪和焦躁程度就成为思维的晴雨表。

　　例如，你是否会只关注每个人的缺点并焦躁不安呢？那是因为"情绪一致性效应"在发挥作用，同时也证明了我们已经陷入一种只关注事物负面要素的消极状态中。相反，如果更加关注朋友和同事们的优点，那就说明自己是一个积极乐观之人。

锚定效应能够最大限度地瞬间消除问题

　　如果能够通过情绪一致性效应来确认自身思维处于积极状

 词语解释

> **情绪一致性效应**
> 当人感觉心情烦躁的时候，在看到别人的缺点之后就会更加焦躁。换言之，我们可以根据对他人的看法来理解自己的思维倾向。

态的话，那么就应该立刻尝试**锚定效应**。行为经济学家丹尼尔·卡尼曼和心理学家**阿莫斯·特沃斯基**于1974年通过研究提出了该心理效应。其具体内涵是当人们需要对某个事件做定量估测时会以印象深刻的信息和数值为基准，而这些基准会对估测值和之后的行动产生影响。

　　例如，当你通过情绪一致性效应意识到自己处于焦虑状态之中时，就可以把手放在胸前来回忆过去与志同道合的朋友谈笑风生以及与家人团聚时的幸福心情。如此，愉快的回忆就会成为幸福感的基准并驱除焦躁之感。

利用锚定效应来驱除焦躁之感

焦躁

▶反复地回味开心愉悦的回忆就能够驱除焦躁

锚定效应

以视觉、听觉、嗅觉、触觉和味觉这五感为途径来唤醒某种感情和记忆。唤醒过去的幸福回忆是消除烦躁情绪的方法之一。

阿莫斯·特沃斯基

1937—1996年。出生于以色列的心理学家。他与因提出"前景理论"而闻名的丹尼尔·卡尼曼于1981年共同提出了"框架效应"。

与压力和谐相处

概　述

要想改变意识，
接受比去除更有效

适应环境并进行无压力的思考

　　每个人都希望摆脱压力，但大家也都明白这在现实生活中并非易事。生物学家**汉斯·塞利**将引起个体压力反应的因素称为"压力源"，并首次把压力定义为"个体为了适应施加于它身上的需求而产生的非特定性反应"。根据塞利的观点，压力源可以分为疲劳和睡眠不足等"生理性压力源"、冷热交替等"物理性压力源"以及人际纠纷和环境变化等"社会性压力源"3种类型。

　　人们首先会对压力源表现出各种应激反应，如**肾上腺皮质激素**的分泌、**交感神经**的兴奋、体温和血压的上升和免疫系统

 词语解释

汉斯·塞利

1907—1982年。加拿大病理学家。在对压力的研究中，他将压力定义为"个体为了适应施加于它身上的需求而产生的非特定性反应"。

肾上腺皮质激素

位于肾脏上侧的肾上腺分泌的盐皮质激素、糖皮质激素、雄激素等3种激素，对于维持生命有重大意义。

的抑制等。其结果会导致出现不安、烦躁、失眠、食欲不振等身心机能下降的情况。

那么，为什么会出现上述反应呢？实际上，压力本来是人体为了适应环境而产生的防御反应，但如果持续承受强烈压力的话，就会处于无法应对的状态，从而引发神经官能症、抑郁症、神经性胃炎等病症。

避免出现这种情况的最好办法是消除压力，但在现代社会，完全消除压力是不可能实现的。因此，我们倒不如尝试接受它并改变自身意识，努力让自己感受不到压力。

应对突发状况的八种"压力缓解法"

接下来我们要讨论一下应对压力的方法。美国心理学家理查兹·拉扎勒斯对压力进行实证研究后发现，同等压力会根

压力感受机制

压力源

压力反应

人们在压力的刺激下会出现各种应激反应，如肾上腺皮质激素的分泌、交感神经的兴奋、体温和血压的上升和免疫系统的抑制等

身心机能下降

烦躁不安、食欲不振、疲惫不堪……

交感神经

构成高等脊椎动物自律神经系统的神经之一。当交感神经处于兴奋状态时会出现瞳孔扩大、血液循环加快、新陈代谢亢进或血糖值上升等状况。它具有提升全身活动能力的作用。

据接受方式的不同而有所减轻。根据这一结果，他总结出了应对压力的8种方法（**压力缓解法**）。

①正面应对压力，积极改变现状。

②与造成压力的主要原因保持距离，并将其影响力控制在最低限度。

③在压力状态下控制自己的情绪和行为。

④在压力状态下认清自身责任，积极调整各项关系。

⑤通过收集信息和寻求**心理咨询**等方式缓解压力。

⑥避开压力状况。

⑦调整压力环境，以个人成长为目标。

⑧努力思考应该做什么来缓解压力。

重要的是冷静地判断自己所处的状况，面对困难的状况时不可过分逞强，及时向可信赖的支持者寻求援助。

深呼吸可以缓解压力

压力不仅会引发不安、焦虑或忧郁等情绪，而且还会让处于紧张状态的我们出现呼吸浅快或呼吸困难等状况。这种严峻的情况被称为"**呼吸过度**"。值得注意的是，持续的浅呼吸会

 词语解释

压力缓解法
也称"压力应对法"，是指针对压力因素和情绪采取各种措施以缓解或消除压力的方法。主要分为问题焦点型和情绪焦点型两种。

心理咨询
对他人进行心理援助和支持行为。根据问题状况进行一系列预防性、治疗性和渐进性的援助和支持行为。

缓解压力的呼吸法

①坐在椅子上，挺直腰背，用鼻子慢慢地吸气。此时，为了让空气进入下腹部，我们要鼓起腹部（腹式呼吸）。

②慢慢呼气。收缩腹部，鼓起嘴巴，像吸管一样往外呼气。每次呼吸10～15秒，重复5～10次。

让人在不知不觉间患上过度换气综合征，这也是引发慢性头痛的原因之一。

由此可见，身心状态与呼吸之间存在着密切的联系。如果说快而浅的呼吸是压力状态的体现，那么深而缓的呼吸就是稳定状态的体现。换言之，深呼吸可以随时随地调整身心。

"压力有害论"是一种固执己见

压力会导致人体激素分泌异常，不但可引发癌症、糖尿

呼吸过度

呼吸过度会引起突发性或渐进性呼吸困难、头晕、手脚麻木、头痛等疾病。主要原因是精神焦虑和极度紧张。

病等疾病，甚至还成为猝死的诱因。近年来，很多大型企业为了提高生产效率已经把降低员工压力当成首要工作。积极心理学的权威人士肖恩·埃科尔、斯坦福大学**身心研究实验室**的**阿莉亚·克鲁姆**以及耶鲁大学**情商**中心的**彼得·萨洛维**三人共同以压力意识为主题对某家企业的近400名员工进行了调查。

结果显示，与那些一味以消极眼光看待压力的人相比，认为压力会促进成长的人会更加健康快乐，在工作中也表现得更加出色。

压力促使恋情萌生

压力有时候会变成爱神丘比特。这是因为共担压力的人比无共担压力的人更有可能深入地谈论个人话题，并在反复谈话的过程中形成更为牢固的关系。在好莱坞电影中，无惧生死地同邪恶力量展开斗争的英雄和支持他们的女主人公之间的浪漫故事不正是符合这一模式的剧本吗？

另外，在重大工作中一起经历过坎坷的人坠入爱河并成为终身伴侣的故事也时有发生。当然，任何成功事例的前提都是

 词语解释

身心研究实验室
该实验室位于美国斯坦福大学，其主要研究课题是主观思维方式如何影响客观现实。

阿莉亚·克鲁姆
美国心理学家。她就职于斯坦福大学的身心研究实验室，从事压力专业研究。

压力必须得以克服。虽然无压力状态是最好的，但如果我们有机会以积极的态度与志同道合的人一起来面对压力的话，也有可能衍生出新的关系和爱情等副产品。请大家在脑海中牢记，被认为百害而无一利的压力其实也有积极的一面。

能够共同克服压力之后

在工作中形成凝聚力

也有可能催生出恋爱关系

情商
指认知和理解感情的能力。

彼得·萨洛维
美国心理学家。耶鲁大学的教授，也是第23任校长。作为研究情商的第一人，他将情商定义为正确认知和理解感情的能力。

第27天

从容应对失败的方法

概　述

在实事求是的基础上进行
大刀阔斧的改革

正确地认识自己和他人，明确地表明自身心理状态

在重要的会议中发言突然被打断或者因迟到而无法赶上与客户洽谈等突发问题出现时，你的大脑是否会一片空白？甚至有些人遇到此类情况还会出现冒虚汗、心悸、腹痛或头晕等状况。这种状况被叫作"**惊恐发作**"。某项走访调查的结果显示，出现过这种症状的人超过了整体的四成。

即便没有出现惊恐发作的状况，只要我们身处高压状态并陷入恐慌的时候，都可以尝试运用一下"**情绪ABC理论**"。这是心理学家**阿尔伯特·埃利斯**在1955年提出的逻辑疗法中的核心概念。该理论认为人的消极情绪和行为障碍结果（C）不

 词语解释

惊恐发作

由于突发意料之外的事件而感受到强大压力，进而出现大脑空白、暴汗或口渴等生理现象。

情绪ABC理论

通常的观点认为是激发事件A引起了结果C，而情绪ABC理论则认为结果C并不完全是由激发事件A引起的。A只是一个间接诱因，我们的信念B（对外界事件的解读）才是直接原因。

168

情绪 ABC 理论

A=激发事件（Activating Events） B=信念（Belief） C=结果（Consequence）

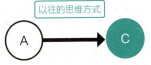

以往的思维方式

结果C是由事件A直接引起的

情绪ABC理论

意识到A与C中间存在信念B这一要素，进而改变对因果分析的思路

是由于某一激发事件（A）直接引发的，而是由于经受这一事件的个体对它不正确的认知和评价所产生的错误信念（B）直接引起的。换言之，正确的心态能够消弭痛苦。

那么，在实际过程中应该如何应对呢？其中最有效的方式是"个人实况转播"，即通过语言描述自身状况来认识痛苦并坦然地从压力之中抽身而退。例如，我们通过直接向周围的人表明自己现在处于非常紧张的状态，就可以在很大程度上缓解压力。另外，通过深呼吸或者不断告诫自己保持平常心等方式来让自己冷静下来的"回避型控制法"在应对恐慌的过程中可能会出现相反效果，这需要引起我们的注意。

降低干劲儿有利于缓解怯场压力

常见的怯场其实是一种人际关系焦虑症。不擅长在众人面

阿尔伯特·埃利斯

1913—2007年。美国心理学家。"逻辑疗法"的创始人，因提出"情绪ABC理论"而闻名。他于1959年在曼哈顿建立了"阿尔伯特·埃利斯研究所"。他的著作高达80多部。

回避型控制法

为了逃避不安、紧张、风险等而采取的应对方法。指的是通过深呼吸或触摸身体等方式来平复情绪的行为。

前演讲或接受面试的人恰好属于这一类型。在面对家人、朋友或陌生人的时候可以保持平稳情绪，只有在关系不太亲密的熟人层面才容易出现这种症状。另外，越是严肃认真的人或完美主义者就越容易出现上述状况。

多数情况下，人们会选择积极思考来解决问题。但实际上，越是干劲儿十足，就越容易提高紧张程度并促使症状不断恶化。面对这种状况，我们倒不如降低自身干劲儿来轻松坦荡地说一句"做不到也无所谓"或者"反正也没有人在听"。

通过理想的解释将危机转化为机遇！

人是难免犯错的。尽管如此，即使是很小的失误也有可能发展成为大问题。因此，一旦出现错误就必须迅速且认真地应对并解决。重要的是，在犯错误或失败之时要对原因进行准确的解释。

在心理学中有一种叫作"归因理论"的思维方式，即推论出事件原因和因果关系的行为。该理论认为，错误和失败的原因主要分为"外部归因型"和"内部归因型"两种。其中，前者是指将责任归咎于自己以外的他人、组织和状况等要素并主张自身无责；而后者则是指从自身能力和工作推进方式等方面

 词语解释

归因理论
由奥地利心理学家海德提出的概念，即从自身或他人身上寻找原因。它是人格测试的一个衡量标准。

外部归因型
从自身以外的他人或外部状况中寻找事情发生的原因。比如，当你向他人打招呼却没有得到回应的时候会将原因归于对方心情不好。

寻找问题出现的原因。

　　毋庸置疑，对错误或失败的原因进行解释的时候应当选择后者。我们要敢于承认自身错误，比如指出业务洽谈失败的原因在于自身跟进不足或研判失误等，这反而能够提高我们的声誉。

　　相反，如果我们拒不承认自身错误并宣称是因为对方企业名声不好才中止合作或者客户指定的交货日期不合理才导致交易失败的话，那么一定会招致他人的反感。这不仅会影响工作的进展，而且还会影响人际关系的和谐。

　　失败也可以用来考验人的真正能力。虽然失败会让人变得消极，但只要通过正确的原因解释就可以将危机转换为机遇。为此，我们要对自己的言行负责，慎重行事。

不可找借口推脱

▶他人的评价会再次降低……　　▶他人的评价反而会提升！

内部归因型
从自身寻找事情发生的原因。比如，当你向他人打招呼却没有得到回应的时候会将原因归于自己的声音太小。

九成看外表

概　述

保持表情和语言一致是沟通的关键

初次见面时的印象会固定下来

无论是在商务场合还是私人生活中，第一印象对于人际关系的形成至关重要。初次见面时所产生的印象及获得的信息都会作为对对方的整体评价固定下来。一旦不能给他人留下良好的第一印象，日后想要扭转这种局面是非常不易的。

那么，如何才能够给他人留下良好印象呢？其实，我们不必身着高档名牌衣服，只需遵守基本规则即可，如穿着合体且干净整洁的衣服、看着对方的眼睛真诚地打招呼或者认真地递名片等。

对外表的印象会产生深远影响

美国心理学家**阿尔伯特·梅拉宾**曾经做过一个实验来研究

 词语解释

阿尔伯特·梅拉宾

1939年生。加利福尼亚大学洛杉矶分校心理学名誉教授。他在感情和沟通领域的研究广为人知，著有《无声信号》一书。

第一印象是否能够成为影响对他人观感的主要因素。实验组织者首先准备若干具有"好感""中立""憎恶"等感情色彩的词汇，之后用完全相反的感情色彩念出这些词汇并配合面部表情。具体来说，就是让人用憎恶的表情及声音来朗读"谢谢"等正面词汇，然后再观察受试者的心理变化。如果在上述情况中，受试者感受到的是"好意"，那就说明语言本身较表情和声音更有力。反之，如果受试者感受到的是"憎恶"，那就说明表情和声音比语言更有影响力。结果如下，

- 7%优先考虑"**语言信息**=对话内容"。
- 38%优先考虑"**听觉信息**=说话方式和声音"。
- 55%优先考虑"**视觉信息**=外观"。

这被称为"梅拉宾法则"。换言之，人们在初次遇到某人时，往往会优先考虑视觉信息和听觉信息。基于这一结果，当你与初次见面的人进行交流时要充分考虑自身的外表和言行，以免让对方感到不舒服。当然，注意措辞和对话内容也是非常重要的。

消除信息矛盾更有利于内容的顺利传达

实际上，"梅拉宾法则"经常被误解或误传。这个实验的

语言信息
指话语本身的含义以及由语言构成的对话内容，使用语言信息进行交流的方式被称为"语言交流"。

听觉信息
指说话人的音量、音调和语速等。

视觉信息
指说话人的服装、表情、动作、肢体语言等。第一印象是以视觉信息为基准进行优先判断的，并且会产生深远的影响。

关键在于要用矛盾的方式来传递信息，也就是故意用负面的表情和语气来朗读"谢谢"等正面词汇。然而在日常沟通中，我们会面带笑容地用温柔语气来说"谢谢"。因此，该实验终究只是强行控制变量条件来调查"语言信息""听觉信息""视觉信息"的影响力而已。

错误理解"梅拉宾法则"的人会武断地认为，在 人际认知 中最重要的是表情等肢体语言（55%），其次是声音语气（38%），最后才是语言内容（7%）。

但只要我们仔细思考一下就会发现，无论表情与声音多么完美，如果语言内容不妥当的话，依然没有办法顺利进行沟通。反过来说，如果这三种信息之间不存在矛盾的话，就能够更容易地将想表达的内容传达给对方。

增加肢体语言有助于给他人留下更为深刻的印象

梅拉宾故意制造出三个信息相互矛盾的状况来进行实验。但实际上，如果自己接收到的信息相互矛盾，那么任何人都会陷入混乱之中。为了让对方更容易地理解传达的信息，最好的方式是避免矛盾的产生。

 词语解释

人际认知

根据语言或非语言信息等来推测对方是怎样的人。1946年，心理学家阿希发表了以语言信息为基础的实验结果。

　　那么，如何才能有效地做到这一点呢？例如，当你想要传达悲观内容时，就要有意识地浮现哀伤的表情，降低声调，稍微放慢语速，用一种煽动危机感的声音来说话。如果是在商务场合之中，我们要用积极的语言来明快地讲述解决方案，这会让对方更容易接受。

　　日本有句俗话说，"九成看外表"。虽然这句话的确有些极端，但梅拉宾用自己的法则向世人证明了<u>非语言交流方式</u>的重要性。无论说话内容如何积极，只要不能通过外表因素传达给对方，那么就无法打动他们的心灵。如此想来，我们就能够理解外表对初次见面时的<u>印象形成</u>有着重要影响。换言之，你要注意仪容整洁、表情恰当、说话时要配合手势且行为举止要阳光开朗。

语言要和表情保持一致

我要积极进取，奋勇向前！

语言和表情未保持一致

语言和表情之间的矛盾致使信息很难准确地传达给对方

我要积极进取，奋勇向前！

语言和表情实现了一致

当语言和表情保持一致的时候，对方才会更觉得安心

非语言交流方式

通过手势、表情等语言以外的方式进行对话。在人际沟通中，35%的信息是通过语言传达的，其余的65%则是通过非语言交流方式来传达的。

印象形成

人际认知的主要方面之一。以外貌、声音、肢体动作等与他人相关的有限信息为线索来推断出对方的整体形象。

第29天

抑郁症是现代人的心病 1

概　述

[每个人都有可能患上抑郁症，因
此要通过正确的护理来呵护生命]

患者人数急剧增加的抑郁症是会危及生命的疾病

　　抑郁症是近年来患者人数迅速增加的疾病之一。它被认
为是现代人的**五大疾病**之一，据说每15人中就有1人会患上该
病症。抑郁症在医学上被称为**"重性抑郁障碍"**，主要表现为
心情低落、神思倦怠、焦躁不安、郁郁寡欢、兴趣减退、容
易疲劳、集中力下降、睡眠过多、睡眠不足、食欲下降、头
痛等各种症状。病情严重之时还会产生自杀的念头，因此医
生们认为这是一种会危及生命的疾病。对此，我们需要认真
对待。

 词语解释

五大疾病
癌症、脑中风、急性心肌梗死、糖尿
病、精神疾病（包括抑郁症）等五种
疾病。

重性抑郁障碍
抑郁症的症状比较严重的阶段。除此之
外，抑郁症还包括情绪障碍症和轻微抑
郁症。

176

发病原因是压力或神经递质的问题

包括心理学和脑科学在内的各个领域都在研究该疾病的发病原因。

目前，普遍认为压力和**精神创伤**（创伤后应激障碍，PTSD）等是导致抑郁症的部分原因。此外，血清素等**神经递质**也与抑郁症的发病有关。当然，也有观点认为这是由个性和性格造成的。

易患此病的人往往具备以下特征：过度认真、一丝不苟、有完美主义倾向、责任感强、对周围的事物过度在意、容易拘泥于小事、自尊心极强、精神上不成熟等。

另外，亲密的人去世、工作不顺利或失业、搬家、育儿结束等一系列让人产生失落感的事件以及年龄增长、更年期综合征等也有可能成为发病诱因。

一般来说，工作繁忙、职权骚扰和性骚扰等也都被视作抑郁症的病因。这些问题已经引起了社会范围内的广泛关注，因此通过改革工作方式和整顿职场环境来预防抑郁症的时代已经到来。

精神创伤

由生活中较为严重的伤害事件（如事故、灾害、犯罪、战争和虐待等）所引起的心理、情绪甚至生理上的不正常状态。

神经递质

从神经细胞中释放出来的物质，能够对其他神经细胞和肌肉细胞等产生兴奋或抑制作用。主要包括血清素、肾上腺素、多巴胺和内啡肽等。

与抑郁症相似却不相同的双相情感障碍

与抑郁症症状相似的是"躁郁症"。它曾经与抑郁症一起被视为情绪障碍的表现。但是从基因上来看，它与精神分裂症有共通之处，因此在现代社会中又被认为是一种不同于抑郁症的疾病。

躁郁症在医学上被称为"**双相情感障碍**"。它的特点是"躁狂状态"和"**抑郁状态**"交替发作，前者主要表现为情绪高涨、活动增多、积极参加工作和学习，甚至在更严重的情况下会出现失眠、四处走动和不断说话等状况，后者则表现为情绪低落和昏昏欲睡。发病者因处于极度兴奋的状态而有可能意识不到自己的躁狂状态，但在接下来的抑郁阶段中会出现身体状况恶化等症状，这将促使他们意识到自己已经患病了。

抑郁症的新模式——非典型抑郁症

有一种疾病虽然与双相情感障碍不同，但也会表现为躁狂状态和抑郁状态的交替发作。它通常被称为"**非典型抑郁症**"。抑郁症的症状是抑郁状态会持续很长时间，而非典型抑郁症则是

 词语解释

双相情感障碍
反复出现狂躁和抑郁的情绪障碍。它与抑郁症是不同的疾病，因此治疗方法也各有侧重。根据症状可分为双相I型障碍、双相II型障碍和环性心境障碍三种类型。

抑郁状态
忧郁、情绪低落等症状被称为"抑郁情绪"，当该情绪表现强烈的时候则被称为"抑郁状态"。它是医学上的常用术语。

非典型抑郁症
由于其与以往的抑郁症状不同，因此一般被称为"非典型忧郁症"。

在公司或学校等令自己感觉不适或者不想去的地方才会出现抑郁状态。然而，在休息日或者做一些自己感兴趣的事情时，很多人的情绪和身体状况又可以恢复正常。

在这种状态下，即使当事人已经患病，但也会被周围的人认为是一种懒惰或任性的表现。另外，就连本人也有可能认为只是疲劳过度，只要稍事休息就可以恢复正常状态，从而延误了治疗时机。

此外，这些患者还会公开自己患有抑郁症的事实并将问题归咎于他人或者逃避工作责任等。如果自己或周围人已经出现上述状况，请不要一味地加以责备，而应该认真地考虑接受心理治疗了。

你是否患有非典型抑郁症呢？

非典型抑郁症包括以下症状：
- 突然间泪流满面
- 因为一件小事而受伤
- 情绪起伏很大
- 只做想做的事情，却从不做讨厌的事情
- 为自己辩解，对他人苛刻
- 对某些东西有依赖性，如过度睡眠或暴饮暴食等

容貌出众的人也处于压力之中

在对前文中提到的易患抑郁症人群进行观察分析后发现，高颜值的俊男美女更容易身患此病。

一旦容貌处于 高配置 水平，就会提升自我认同感并期待周围人对自己做出较高评价。但如此一来，他们就会认为如果自己不加倍努力来提升内在素质和能力的话就无法继续获得他人的高度评价，因此就会在无形中产生巨大的压力。其实无论容貌是否出众，人类永远都是无法摆脱压力的动物。

40~50岁的中年危机

据说在日本，自杀者以50多岁的人居多。理论上来说，这些人在工作上取得了较高的稳定地位且孩子们都已经长大成人，正处于可以悠闲生活、享受美好人生的时候。但实际上，这一代人也是背负各种消极因素的一代。人们常用"中年危机"一词来形容这种状态。到了40~50岁之后，人的体力和精力就会开始出现衰退和老化。性功能下降和 更年期综合征 也正是始于这一年龄段。这些人在工作中即便充满干劲儿也很难跟上新技术的发展，而本应高兴的晋升也成为一种压力。在家庭生活中不但

 词语解释

高配置

原本是指电子设备等具有高级功能或性能。最近，这个词也常用于形容人的外貌、学历、经验或地位等。

中年危机

"危机"指风险状态或严峻局面。40~50岁的人群在该人生阶段可能正在经历事业、健康、家庭、婚姻等各种方面的关卡和危机，这种状态被称为"中年危机"。

要为孩子的升学而烦恼，而且还要照顾父母，因此肩上的负担在不断加重。另外，在孩子离家求学或另立门户后倍感寂寞的"空巢综合征"也是在这个年龄段表现出来的。

　　这些因素导致40~50岁的日本中年人患上抑郁症的概率急剧增加，自杀事件也频繁发生。如果你已经出现失眠、头痛、腹泻等不适症状以及拒绝上班或回家等状况，那么有可能你正在经历着中年危机。

　　如果你已经感知到了危机的来临，那么就不会在发生紧急情况时惊慌失措。如果你把该年龄段看作是照顾自己的良好时机并在这个人生转折点上改变自身价值观的话，那么就能够平静安稳地度过余生。

威胁日本中年人的负面因素

体力和精力的衰退

各种因素叠加在一起会提升抑郁症的发病率！

从养育子女的状态中解脱出来

更年期综合征	空巢综合征
以往的观点认为这是女性绝经期前后的症状，近期研究表明男性也会出现更年期综合征。其本质是激素分泌量的降低所引起的各种不适症状。	指的是女性在子女就业、结婚等独立后产生的空虚感、失落感、无力感、冷漠等。同时，还会出现与更年期症状重叠或抑郁的情况。

抑郁症是现代人的心病 2

概　述

[即便内外科检查未发现异常，也有
可能出现由压力导致的身体不适]

巨大的不安全感也会导致健康身体发生异常变化

生活中会时常发生一些令人不安的事情。无论是个人还是社会都不可能百分百地避免不安，因此我们只有想办法解决这些问题才能够生存下去。但如果这种不安持续太长时间的话，就会以"**焦虑症**"的形式体现出来。其主要表现为即便身体没有任何问题，也会突然出现心悸、头晕、闭塞感和出汗等恐慌症状。上述症状一旦出现，人们就会出现预期焦虑并担心类似状况再次发生，进而会避开人群或拒绝乘坐电车等交通工具。另外，更有甚者会因此患上一种叫作"**广场恐惧症**"的继发性障碍疾病，这将导致他们无法外出。

 词语解释

焦虑症

除恐慌症以外还包括广泛性焦虑症、恐惧症性焦虑症、强迫性焦虑症、广场恐惧症和PTSD（创伤后应激障碍）等。

广场恐惧症

焦虑症的一种。特指在人多聚集的街道和无处可逃的电车内等公共场合中会产生极端的恐惧，这有可能会导致当事人拒绝外出。

焦虑症会引发各种症状

近年来，PTSD（创伤后应激障碍）已经变得越来越普遍。作为一种同时影响成人和儿童的疾病，我们需要重视心理辅导。

另外，由焦虑症引发的各种症状还包括因反复不安和担心而频繁做出相同行为的"**强迫性焦虑症**"、对各种事物都抱有不安心理的"广泛性焦虑症"以及对有限事物怀有恐惧心理的"恐惧性焦虑症"。其中，恐惧性焦虑症又可以细分为对与人接触感到不安的"社交恐惧症（对人恐惧症）"、对特定的动物、刀具、雷声等感到恐惧的"特定恐惧症"以及前文中提到的"广场恐惧症"等。

各种各样的焦虑症表现

恐慌症
身体未出现异常，但却会突发心悸和眩晕等症状

广泛性焦虑症
不明原因地长期处于不安情绪之中

恐惧性焦虑症
因对特定事物的恐惧而陷入恐慌

PTSD
暴力和灾难等造成的心理创伤和不安状态

强迫性焦虑症
因反复感到不安或担心而频繁地进行相同行为

PTSD
是指个体遭遇事故、虐待、犯罪侵害和过分骚扰等消极事态出现后的心灵创伤。在强大的压力下，任何人都有可能出现这种症状。

强迫性焦虑症
由反复出现的强迫观念而导致频繁做出相同行为的症状。比如因为害怕沾染细菌而反复洗手或担心忘记锁门而反复折返确认等。

身体机能不全引起的躯体症状性障碍

　　内外科检查均未发现异常的情况下仍然出现运动麻痹和感觉麻痹等症状的现象被称为"躯体症状性障碍"，这在心理学上被认为是一种心因性障碍。该疾病的主要表现症状不尽相同，其中走路困难、丧失视力和听力以及无法发声等症状被称为"**转换性障碍**"。它在过去被称为"**癔症**"，是心理学家弗洛伊德研究的精神疾病之一。

　　另外，躯体症状性障碍还包括以长期头痛、头晕、腹痛、呕吐等为主要症状的"躯体化障碍"、过分关注身体不适症状或者深信自身患有疾病的"疑病性神经症"以及感觉身体时刻有疼痛感的"疼痛性障碍"等。

进食障碍主要表现为反复的厌食和暴食

　　影响身体健康的心理疾病还包括"**进食障碍**"。其中，厌食症和暴食症是众所周知的症状。

　　厌食症也被称为"神经性食欲缺乏症"，是一种因过度注意身材而过分节食或拒食的心理疾病。体重的过度下降会导致营养失调、体温降低及女性无月经等身体症状，甚至还会引起死亡。

 词语解释

转换性障碍	癔症	进食障碍
该疾病最初被称为"转换性歇斯底里症"，主要症状表现为行走困难等。据说《阿尔卑斯山的少女》中的克拉拉就身患该疾病。	是由精神因素，作用于易病个体引起的精神障碍。	主要分为厌食症和暴食症。两者都涉及对体重和美丑的极端关注或偏执，如"我不想变胖"或"胖是丑陋的"等。